러시아 산업부르주아의 보수적 정치의식

러시아 산업부르주아의 보수적 정치의식

정 옥 경 著

한국학술정보(주)

서 문

역사적으로 부르주아의 역할은 지역적으로 그리고 국가적으로 각각 다르다. 서구사회에서는 근대화와 자유주의 체제가 성립되는 과정에서 부르주아는 봉건세력에 대항해서 왕정을 붕괴시키는데 주요한 역할을 했다. 그런데 러시아에서는 18세기 이후 더욱 활발해진 영토확장을 위한 많은 전쟁과 공업화가 진행되면서 상공업자들이 도시에서 성장하면서 점차적으로 부르주아계층이 확대되고 있었으나, 20세기 초까지도 봉건적 국가체제가 유지되고 있었다. 그리고 러시아에서 봉건제의 와해는 사회주의 혁명세력에 의해서 완결되었고, 그 때에 러시아 부르주아도 역사 속으로 사라졌다. 이 과정에서 특별했던 점은 대부분의 러시아 산업부르주아는 자유주의 세력이 아니라 황제의 권력과 결합해서 사회주의 혁명을 막고, 국가질서를 유지하고자 했다는 것이다.

이러한 러시아 부르주아의 특성은 왜 만들어졌을까? 그리고 그것의 결과들은 어떻게 나타났을까? 이것에 대하여 저자는 다양한 내용들을 가지고 설명하고자 했다.

일반적으로 서구의 부르주아는 도시의 성장, 산업화의 진행으로 자생적으로 등장했다. 그런데 러시아에서는 국가주도의 근대화가 진행되면서, 도시 조차도 인위적으로 조성되기도 했다. 러시아 황제가 서구사회의 발전에서 도시의 발전과 기업인들의 활동이 갖는 중요성을 모방하여 도시를 먼저 만들고, 그곳에서 부르주아의 탄생을 기대하는 등의 인위적인 경제발전 모델을 조성한 것도 그러한 예가 된다.

이와 같은 제정러시아의 국가주도의 경제발전 방식은 계속해서 러시아 기업인들의 국가의존도를 높였다. 그리고 강력한 권력을 가진 황제에 대항하는 기업인이 존재하기 어려웠다.

따라서 19세기 중반부터 본격적으로 시작된 러시아 자유주의 운동은 일부 지식인층을 중심으로 전개되었고, 부르주아의 동참을 이끌어내지 못했다. 그리고 20세기 초에 자유주의 운동은 급진적 사회주의 세력과도 결별하고, 러시아에서 사회주의 혁명은 성공했다.

이러한 역사적 과정 속에서 왜 러시아의 기업인, 귀족, 지주들이 자신의 이익을 위해서 황제를 선택했는지 살펴볼 필요가 있다. 따라서 본 글에서는 산업부르주아의 정치적 관계 등을 중점적으로 분석했다. 즉 러시아 문화 및 정치상황의 특수성이 산업부르주아의 정치적 태도에 어떠한 영향을 끼치게 되었고, 그것이 결국 러시아 국가의 운명에 어떠한 결과를 초래했는지를 이해하는 것이 본 글의 목표이다.

참고적으로, 이 글은 본인의 1996년 박사학위 논문을 부분적으로 보충해서 완성되었다. 따라서 저자는 잊혀질 수도 있었던 10년 전의 박사학위 논문을 출판할 것을 제의해 준 한국학술정보 출판사에 대하여 감사를 드린다.

아무쪼록 본인의 글이 러시아의 산업부르주아의 역사적 의미를 이해하는데 도움이 되기를 기대한다. 그리고 현대 러시아에서도 시장경제와 자유주의를 도입하면서, 산업부르주아 계층이 빠르게 성장하고 있는데, 그들의 역사적 역할은 과연 어떻게 전개될 지에 대해서도 주시하길 바란다.

목 차

표 제목

그림 제목

I. 서 론

1. 문제의 제기

19세기 후반 러시아 사회는 격동적인 변화를 겪고 있었다. 황제의 통치력이 약화되어 가고 있었고, 새로운 정치체제를 요구하는 자유주의 세력과 급진세력들이 크게 성장하고 있었다. 결국 1905년에 국회의 설립과 같은 정치적 목표를 주장하는 제1차 러시아 부르주아 혁명이 발발했다.[1] 그리고 뒤이어 발생한 1917년 2월 혁명의 결과로 로마노프 왕조가 무너졌고, 자유주의적 정치형태를 가진 임시정부가 세워졌다. 그러나 이 임시정부는 오래 지속되지 못하고 결국 부르주아 혁명은 실패로 끝나고 말았다.[2] 이렇듯 러

---

1) 20세기 초부터 시작된 러시아의 혁명에 대한 명칭에 대하여 러시아 역사학 사전에서는 다음과 같이 사용되고 있다. 즉 1905년에 발생했던 제1차 부르주아 혁명(소위 '1905년 혁명'), 1917년 2월에 발생해서 제정러시아를 붕괴시키고 임시공화정을 성립한 제2차 부르주아 혁명(소위 '191년 2월 혁명'), 그리고 마지막으로 볼셰비키 정권을 탄생시킨 1917년 10월 혁명(이른바 '10월 사회주의 대혁명)이다. Советский энциклоп едический словарь (Москва: Советская энциклопедия, 1986).

2) 1917년 2월 혁명은 비록 혁명운동의 핵심에 사회주의자들이 포함되어 있었지만, 영국이나 프랑스에서와 같은 의회제도가 도입되었다는 점에서 부르주아 혁명이었다고 할 수 있다. 그런데 이 부르주아 혁명이 실패로 끝나게 된 것에 대하여 많은 연구가들은 노동운동의 격화와 볼셰비키의 정치적 성공에 초점을 두고 설명해 왔을 뿐 부르주아의 정치적 활동에 대해서는 크게 주목하지 않았다. 카아(E. H. Carr)도 1917년 2월 혁명 이후 세워진 임시정부가 불과 8개월 밖에 지속되

시아에서 부르주아의 혁명이 성공하지 못했던 것에 대하여 학자
들은 그동안 크게 세 가지 범주에서 그 원인을 진단해 왔다.[3] 첫

　　　못했던 이유를 농민과 노동자의 급진적인 사회운동과 볼셰비키의 정
　　　치적 선동이라는 측면에서 설명하고 있다. E. H. Carr. *A History of
　　　Soviet Russia: The Bolshevik Revolution, Volume one*(london:
　　　Macmillan. 1978) 참고. 한편, 베버(M. Weber)는 1905년 혁명 이후
　　　만들어진 러시아의 의회제도가 진정한 의미에서 민주주의적인 것이
　　　아닌 의사('疑似)민주주의(Pseudo-democracy)'였다는 것에 초점을 맞
　　　추고 부르주아 혁명의 실패를 설명하고 있다. Max Weber, *The
　　　Russian Revolutions*(Cambridge: Polity Press, 1995) 참고.

3)　'부르주아(Bourgeois)'라는 단어는 'estate'니 'order'니 하는 신분질서가
　　　사실상 무너져가고 있을 때 새로 출현하고 있는 사회신분을 낡은 사회
　　　신분과 구별하여 사용된 낱말이다. 그러므로 부르주아는 직업상으로 볼
　　　때 왕이나 노동자는 물론 아니었으나, 국가관리일 수도 있고 문필가나
　　　전문직 종사자일 수도 있으며, 상인이나 금융인이나 공장경영자일 수도
　　　있고 교수나 교사일 수도 있다. 그리고 그러한 직업들을 제3신분만이
　　　아니라 귀족, 승려도 가지고 있는 경우가 많았다. 따라서 그러한 개념
　　　정의에서 보면 부르주아라는 범주에 속할 수 있는 사회구성원은 매우
　　　다양하다. 노명식, 『시민계급과 시민사회』(서울: 한울아카데미, 1993),
　　　p.12. 한편 다른 식으로 정의해서 부르주아를 서유럽에서 산업화 이후
　　　봉건세력에 대항하고 자신들의 신분적 독립과 경제적 활동을 옹호하기
　　　위해서 사회계약설, 자유와 평등을 주장하는 계몽주의를 받아들인 시민
　　　계급이라 지칭한다면, 부르주아는 이미 '시민계급'이라는 용어로 대치될
　　　수도 있다. 또한 비서구(非西歐) 지역에서 계몽주의나 사회계약설이라
　　　는 사상적 토대를 갖고 있지는 않지만 산업화가 진전되면서 경제적으
　　　로 부유해진 사회계층이 등장하고 그들이 점진적으로 왕에 대립할 수
　　　있는 잠재력을 갖고 있다면 그 사회계층도 일반적으로 부르주아로 지
　　　칭할 수 있다. 여기에서 부르주아가 왕에 대립하거나 대항할 수 있는
　　　잠재력을 갖고 있기는 하지만 시민계급으로 성장하지 못한 경우는 각
　　　각의 나라가 갖고 있는 역사적, 문화적 유산 때문에 생겨난 것이라고
　　　볼 수 있다. 따라서 러시아를 포함한 非西歐지역에서 부르주아라는 개
　　　념은 봉건세력에 대항해서 새로운 정치체제를 구축할 수 있는 잠재력
　　　을 가진 집단이라고 정의할 수 있고, 좀 더 세부적으로 구분하여 경제
　　　적 분야에서 활동하는 부르주아를 산업(産業)부르주아라고 개념정의를

째 범주는 러시아에서 부르주아 세력이 미약했다는 것을 강조하는 것이었고, 둘째 범주는 당시 러시아 부르주아 내부가 분열되어 있었다는 것이다. 셋째 범주는 레닌이 주장한 바와 같은 제국주의 이론에 기초해서 러시아 부르주아의 필연적 역사적 패배를 설명하는 것이다.

첫 번째 범주에 속하는 대표적인 연구자는 무어(B. Moore)이다.[4] 그는 역사의 발전과정을 세 가지로 분류했다. 즉 부르주아 혁명을 통한 의회민주주의로의 길, 위로부터의 혁명을 통한 파시즘으로의 길, 소작계급의 혁명을 통한 공산주의로의 길이 그것이다. 그의 설명에 의하면 러시아는 그중에서 세 번째의 길로 역사발전을 하게 되었다. 즉 러시아는 농업의 상업화 정도가 극히 미미했고, 또한 지주들에 의한 농민착취가 효과적이지도 못한 상태에서 거센 농민반란에 직면하게 되었으며, 당시 토지귀족도 부르주아도 경제발전이나 정치적 근대화를 수행할 정도의 힘을 갖고 있지 못했기 때문에 혁명적 엘리트들이 근대화의 역할을 수행했다는 것이다.

무어는 부르주아가 없으면 민주주의도 없다고 말할 정도로 부르주아가 왕의 절대 권력을 제한하고 민주주의를 발전시키는 데 중요한 사회집단이라는 것을 강조하고 있다. 그와 동시에 무어는 부르주아가 토지귀족과 힘의 균형 상태를 유지하면서 노동자계급과 적대적인 관계를 맺지 않고 자신들의 세력을 증대시킬 수 있을 때 비로소 절대적 권력을 가진 왕에 대항하는 부르주아 혁명

할 수 있다.

4) Barrington Moore, Jr., *Social Origins of Dictatorship and Democracy lord and Peasant in the Making of the Modern World*(Boston: Beacon Press, 1967) 참고.

이 가능하게 된다고 주장한다.

러시아의 경우, 무어의 분석 틀에서 보면 부르주아 혁명이 실패할 수밖에 없는 구조적 여건을 갖고 있었다. 그러나 무어의 분석 틀은 구조적 여건이 어떻게 인간의 행위를 적대적인 성향으로 이끌 수 있는지에 대한 것과 어떻게 변혁과정이 전개되어 가는지를 무시함으로써 지주와 부르주아 계급이 어떻게 왕정에 적대적 성향을 갖게 되었는지 또한 지주와 부르주아 계급이 왜 왕에 대한 적대적인 정치의식을 갖지 않게 되었는지를 충분히 설명하지 못하고 있다. 그래서 단지 구조적인 설명만으로는 1905년 시작된 부르주아 혁명에서 왜 러시아의 산업부르주아가 황제의 통치에 대하여 적대적이지 않았는지 그 이유를 알 수 없는 것이다.

러시아 부르주아 혁명의 실패를 설명하는 두 번째 범주에 속하는 연구는 '부르주아의 내부적 단결 부재'를 강조한 것이다. 이 점에 초점을 둔 연구가로는 리버(A. Riever)가 있다.[5] 부르주아 내부에 지역, 민족, 종교가 다른 구성원들이 존재함으로써 때때로 부르주아가 복잡한 상태에 처하게 되고 서로 적대적인 상황이 만들어지기도 했다는 것이 그의 연구에서는 강조되고 있다. 즉 부르주아 내부에 다양한 이해관계가 존재하고 있었기 때문에 그들은 어떠한 집단행동도 일으키지 못했다는 것이다. 그런데 자본주의 민주국가에서도 항상 부르주아의 이해가 통일되는 것은 아니라고 본다.

내부적 분열과는 다른 차원에서 부르주아의 특성을 설명한 것은 구소련의 연구가들이다. 구소련의 대부분 연구가들의 분석틀은 레닌의 제국주의론에 기초를 두고 있다. 레닌은 그의 저서 『러시

---

5) Alfred J. Riever, *A Merchants and Entrepreneurs in Imperial Russia*(New York: Chapel Hill, 1982) 참고.

아에 있어서 자본주의 발전』에서 제국주의 단계의 정경유착을 설명하고 있다.[6] 긴진(И. Ф. Гиндин)도 그러한 레닌의 제국주의론에 의존해서 러시아 부르주아 계급을 분석했다.[7] 그는 20세기 초 러시아에서 재벌(финансовая олигархия)이 형성되었다는 것에 초점을 맞추고 있다. 긴진은 러시아의 재벌은 페테르부르크와 모스크바에서 형성되었고 그들은 하나의 제국주의 세력으로 결집되어 있었다고 주장한다. 그러나 긴진의 개념에서 설명되고 있는 '모스크바의 섬유재벌'은 기본적으로 모스크바 인근의 중앙산업지대의 섬유기업들의 大부르주아 그룹을 과장해서 설명한 듯 하다. 모스크바 부르주아가 20세기 초 아직 긴진이 설명하는 재벌로 성장하기까지는 미흡한 점이 많다. 더구나 그가 설명한 재벌은 정경유착을 설명하는 유리한 개념일 뿐 재벌의 완성과 그 완성 과정에서 실제로 제국주의적 선도적 역할을 했는지를 충분히 설명하고 있지 않다. 또한 러시아에서 산업부르주아가 경제적 이득을 노리는 제국주의적 행동에 어느 정도로 기여했는지에 대한 것은 보다 자세한 논의가 필요하다고 본다.

위에서 설명한 것과 다른 결론을 가진 최근의 연구는 보하노프(А. Н. Боханов)의 『러시아의 大부르주아』이다.[8] 보하노프는 러시아 부르주아가 1917년 볼셰비키에 패배한 것은 부르주아가 사회적 지지기반을 갖고 있지 못했고 사회로부터 동정도 얻지 못했기 때문이었다는 점을 강조하고 있다. 일반적으로 '가진 자'에 대

6) V. I. 레닌, 김진수 옮김, 『러시아에 있어서 자본주의 발전』(서울: 태백, 1988) 제5장, 제7장 참고.

7) И. Ф. Гиндин, *Русская буржуазия в периоде капитализма, ее развитие и особенность*(Москва: История СССР, 1963) 참고.

8) А. Н. Боханов, *Крупная буржуазия России*(Москва: 'Наука', 1992) 참고.

한 무시, 사유재산에 대한 개념의 부재, 러시아인의 비(非)부르주아성이 존재하고 있었기 때문에 자본주의 경제구조가 양적(量的)으로는 발전했지만 질적(質的)으로 성장하지 못했고, 그것이 러시아민족의 非부르주아성을 변형시키지 못했다는 것이다.[9]

이상과 같이 기존의 연구들은 러시아 부르주아계층의 사회적 특성에 대한 중요한 내용들을 밝혀주었다. 그런데 산업부르주아가 부르주아 혁명과 관련해서 어떠한 역할을 했는지에 대해서는 아직 많이 연구되지 않았다. 특히 정치변혁이 진행되고 있던 20세기 초에 러시아가 민주주의로 갈 것인가 아니면 사회주의로 갈 것인가 하는 역사적 기로에서 러시아 부르주아 계급은 어떤 정치적·사회적 역할을 했는지에 대한 연구는 아직 충분히 이루어지지 못하고 있다. 단지 대부분의 소련의 연구자들은 러시아의 독점자본가에 도전해서 사회주의 혁명을 성공적으로 이끈 프롤레타리아트와 볼셰비키의 역할을 강조하고 있을 뿐, 러시아에서의 자본주의 발달이나 노동운동의 성격이 유럽 다른 나라들의 경우와 비교해서 어떤 특징을 가졌는지에 대한 충분한 설명을 하고 있지 않다.[10] 그리고 소련의 연구가들은 부르주아 계급과 민주주의 발전

---

9) Ibid., p.260.

10) 독점자본주의의 발달을 높이 평가함으로써 혁명적 여건이 성숙되었음을 강조하는 소련학계의 해석은 스탈린 사망 후 소장파 학자들에 의해서 일부 수정되었다. 즉 그들은 혁명을 통해서 실제로 이룩된 변화의 성격이 어떤 것이었는가에 대해 조심스럽게 질문을 던지면서 혁명의 결과에 대해 회의를 품기 시작했던 레닌이 언급한 혁명 전야의 다양한 국면이 혼재해 있었다는 점을 상기시켰다. 그들은 혁명사 연구의 주류인 독점자본주의의 역할에 대한 강조는 과장된 것이었으며 혁명적 러시아가 단지 계급구조에서만 갈등이 있었던 것이 아니라 민족 집단 내부에, 지역간 차이, 경제부문의 편차를 안고 있는 사회였다는 것을 인정했다. 그들의 해석에 의하면, 혁명과정에서 드러

에 관한 인류 역사발전에 대해서는 조망하지 않은 채, 러시아에서 유일하게 자유민주국가의 건설을 목표로 했던 러시아 자유주의자들의 방황하는 모습을 상세히 조명함으로써 러시아에서 의회민주주의가 성공할 수 있는 가능성은 거의 없었다는 것을 증명하려고 했다. 바로 이는 스탈린 이후 소련 사학계에서 이루어진 혁명 연구의 가장 중요한 결실이라고 할 수 있다.[11]

결국 기존의 소련 연구에서는 산업부르주아의 역할이 독점자본주의 체제를 만든 장본인이었다는 측면에서 조망되어 왔을 뿐이다. 다시 말하면 왜 산업부르주아가 진보적인 사회세력으로 성장하지 않았는지에 대해서는 거의 연구된 바가 없다.[12] 그리고 실제로 19세기 러시아 자유주의자들도 산업부르주아가 자유주의 운동의 주인공 역할을 할 것으로 기대하지 않았다.[13] 그리고 사실 러

났던 민중의 전투적 과격성도 자본주의의 발달이라는 도식보다는 지역 간, 민족 간의 불균형한 발전 때문이었다는 것이며, 따라서 사회 갈등의 문제를 조명하는 데 있어서 상투적 계급갈등의 공식을 벗어나서 문제에 보다 정교하게 접근할 것이 요청되었다. 혁신파 사학자들의 이러한 혁명 해석은 혁명 전 러시아의 상대적 후진성을 인정한 것이었다. 그러나 그들의 혁명 해석은 소련 공산당의 입장에서 보면 그 나름대로 장점을 가지고 있었다. 즉 자본주의가 고도로 발전하지 않아도 혁명이 가능하다는 전례를 설명한 셈이다. 러시아 혁명은 또다시 제3세계에 대한 혁명 모델로서의 가능성을 지니게 된 것이었다. 이인호, "러시아 혁명사 연구의 사학사적 배경." 이인호 엮음. 『러시아 혁명사론』(서울: 까치, 1992), pp.14-15.

11) Ibid., p.14.

12) 서구에서는 대부분 정치적 사건을 중심으로 러시아 혁명이 연구되어 왔으며, 일부 연구자가 러시아에서 부르주아 혁명은 경제적 낙후성 때문에 성공하기 어렵다는 점을 설명했을 뿐이다. Ibid., pp.17-19.

13) 임영상, "K. D. 까벨린과 社會改革", (문학박사학위논문, 서울대학교, 1988), p.13.

시아 산업부르주아는 자유주의 운동을 지지하는 중간계층의 역할을 하지 못했다. 서구의 경험을 통해서 보면, 산업부르주아는 절대왕권 국가가 근대국가로 이행하는 과정에서 주요한 역할을 했다. 그런데 러시아에서는 산업부르주아는 사회변혁의 주체가 되지 못했던 것이다. 따라서 본 연구는 20세기 초반에 급변하고 있던 러시아사회에서 러시아 산업부르주아가 자유주의를 지지하지 않게 된 원인을 그들의 보수적 정치의식이라는 측면에서 설명하고자 한다. 그리고 그러한 산업부르주아의 보수적 정치의식이 어떻게 해서 형성되는지를 고찰해 보고자 한다.

2. 연구범위와 방법

본 연구는 앞에서 제기하고 있는 문제를 고찰하기 위해 다음과 같이 그 범위와 내용을 설정했다. 본 연구의 공간적 범위는 주로 모스크바에 국한되어 있으나, 경우에 따라서는 러시아의 다른 도시들에 대한 일반적인 고찰도 부가하였다. 모스크바를 연구의 지역적 무대로서 선택한 이유는 첫째, 이곳이 대다수 러시아 상인들이 활동했던 지역이었기 때문이다. 둘째, 19세기 중엽에 있어서 상인의 정치의식의 발전은 페테르부르크를 제외하면, 다른 어떤 지역보다도 모스크바에서 그 진전이 두드러졌다. 또한 상인들의 정치적 견해의 발전 동향을 살펴보는 데 있어서는 문화적 전통이 커다란 역할을 하기 때문에, 러시아 문화와 그 전통을 가장 풍부하고 순수하게 간직한 모스크바를 선택하게 되었다. 사실 '러시아의 심장'인 모

스크바는 역사적으로 토착적인 문화의 중심지였던 것이다.[14]

모스크바를 연구대상 지역으로 설정한 본 연구의 시간적 범위는 크림전쟁(1855년) 이후로 하였다. 왜냐하면 사회변혁에서 주요한 역할을 해 오지 못하던 도시와 마을들이 크림전쟁이 끝날 무렵인 1855년 이후부터 사회적 변혁의 중추적인 장소가 되기 시작했기 때문이다. 그 이전까지 도시들은 사실상 러시아 사회의 농업적 특성과 지주와 농민의 전통적인 관계들을 변형시킬만한 힘을 갖고 있지 못했다. 물론 이전의 모스크바와 페테르부르크가 산업적인 색채를 갖고는 있었으나 도시들은 여전히 '거대한 마을'과 같은 것이었을 뿐이고, 근대적인 물리적 특성들(정치·사회운동의 중심지 역할 등)을 갖고 있지 못했다고 할 수 있다.[15]

한편 이상과 같은 연구범위를 바탕으로 본 연구는 다음과 같은 접근방법에 의거하여 연구를 진행시켰다. 즉 사회가 변화하는 환

---

14) August von Haxthausen, *Studies on the Interior of Russia*(Chicago: Chicago Univ. Press, 1972), p.14. 학스트하우젠은 1830년대와 1840년대 러시아를 여러 차례 방문해서 보고 느낀 것을 기록으로 남겼다. 그가 기록한 것은 그 시대의 러시아인의 생활상을 알 수 있는 중요한 자료로 평가되고 있다. 그의 글에 따르면, 모스크바는 러시아인에게 특별한 의미를 주고 있는 도시였다. 모스크바는 러시아인의 민족적 그리고 종교적 감정을 간직한 도시였다. 비록 아르한겔, 오뎃사, 노브고로드에 살고 있는 러시아인일지라도 모스크바를 '신성한 어머니(The Holy Mother)'라고 지칭하고 존경과 사랑을 갖고 모스크바에 대하여 말하는 것을 자주 발견할 수 있었다고 한다. 모스크바에서는 이른 아침 하루를 시작하는 모스크바인들이 크레믈린을 향해서 모자를 벗고 십자가를 긋는 경우를 자주 목격할 수 있었다고 한다. 그런데 페테르부르크에서는 그러한 광경과 정서를 발견할 수 없었다고 한다.

15) Abbott Gleason, "The Terms of Russian Social History", in (ed.) Edith W. Clowes, Samuel D. Kassow, and James l. West. *Between Tsar and People*(Princeton: Princeton Univ. Press, 1991), p.17.

경에 '적응'하고 '생존'하기 위해서 사회구조가 점점 분화해 나가는 과정을 설명하는 패러다임으로 구조기능주의가 있다. 이 방법론의 최대 장점은 사회가 어떤 구조적 변화를 거쳐서 변혁되는 것인가를 보여준다는 것이다. 즉 사회는 행위자가 존재하고, 그들의 경제활동이 사회생활의 기본을 이루고, 사회구성원의 통합은 정치로 실현되며, 그 과정들 속에서 문화 또는 가치체계가 형성되는데, 만약 각각의 단계가 기능을 하지 못하게 되면 사회적 불안정이 오고 그 불안정은 궁극적으로 가장 상위의 문화 또는 가치체계를 변화시켜서 사회는 변동을 하게 된다는 것이다.16) 그래서 구조기능주의의 대표적 학자인 파슨즈(T. Parsons)도 사회변동이 일어나는 것을 이해하기 위해서는 우선 사회구조가 어떻게 이루어져 있는지를 연구해야 한다고 강조했다.17) 이와 같이 파슨즈와 같은 학자들은 사회구조를 설명하는 과정에서 사회심리학적 측면을 다루고 있다. 즉 정상적인 사회 혹은 위기가 없는 사회는 사회의 핵심적 가치지향들이 규범화되어 있고 그 사회의 지배적인 세계관과 개인들의 개별적 지향이 서로 아주 유사한 경우에 존재한다. 만약, 지배적인 세계관이 붕괴되면 제도적인 측면에서 위기가 드러나지만, 그러한 객관적인 사회구조적 위기의 배경에는 지배적인 세계관과 개인들의 개별적 지향이 어긋나고 있는 상황이 존재하고 있다. 따라서 위기는 그 원인이 무엇이건 항상 사회구성원들이 지향의 상실을 경험하면서 심화된다. 바로 이 순간에 대안적인 혁신적

---

16) 전통사회가 근대화를 경험할 때, 기존의 가치체계가 어떻게 변화해가는 것인지를 분석한 것은 다음의 글이 있다. R. N. Bellah, *Religion and Progress in Modern Asia*(New York: Free Press, 1965).

17) 리차드 아펠바움, 김지화 옮김, 『사회변동의 이론』(서울: 한울, 1984), pp.5-16.

가치지향을 중심으로 한 이데올로기적 행동들이 결합되고 수많은 추종자들을 끌어 모으기 시작할 때 혁명적 상황은 나타난다.[18]

단지 사회변화를 사회구조적인 시각에서만 검토하게 되면, 사회가 어떻게 질서를 유지하고 있는지 그리고 사회가 어떤 단계에서 변화를 하게 되는지에 대해서는 자세히 설명할 수 있지만, 무엇이 변화를 유발시키는지에 대해서는 명확히 설명할 수 없는 한계점이 나타난다. 즉 무어가 『독재와 민주주의의 사회적 기원』에서 영국·프랑스·미국 같은 나라는 농업의 상업화정도가 매우 높고 강력한 도시 부르주아가 성장했기 때문에 자유민주주의가 실현되는 역사발전을 했고, 일본과 독일은 도시 부르주아가 국가와 토지귀족이 연합한 힘에 대응할 만큼 강하게 발전하지 못했기 때문에 정치적으로 그들에게 종속적이 되었고 결국은 파시즘으로 나아갔다고 설명하고 있지만, 그의 연구는 무엇이 그러한 상이한 역사발전을 가져오게 했는지를 충분히 설명하지 못하고 있다.[19] 바로 이 점이 구조적 접근방법의 한계를 잘 말해주고 있는 것이다.

따라서 사회변화를 야기시키는 요인에 몰두하면 사회구조적 설명을 의도했던 이론도 사회심리학적 설명으로 바뀔 수 있다는 사실에 주목할 가치가 있다. '집합심리학(aggregate-psychological)'접근방법은 사회집단이 정치적 현상에 어떻게 반응하게 되는지를 심리적 동기로써 설명하고 있기 때문에 구조기능주의에서 설명하지 못하는 행위자의 의식변화를 파악하는 데 크게 도움을 준다.

---

18) 테다 스카치폴, "혁명에 대한 사회구조적 접근", 김웅진, 박찬욱,·신윤환 편역, 『비교정치론 강의2』(서울: 한울, 1992), p.92.

19) 배링턴 무어, 진덕규 옮김, 『독재와 민주주의의 사회적 기원』(서울: 까치, 1987) 참고.

거어(Ted Gurr)는 그의 저서 『왜 인간은 反逆하는가』에서 사회 내의 많은 사람들이 정치에 대해서 반대하는 행동을 일으키는 것은 기존의 문화적, 실제적 생활조건으로부터 연유한다고 설명하고 있다. 즉 사람들이 당연하게 있어야 한다고 느끼는 가치 있는 것이 사회에 주어져 있지 않으면 정치적 반대운동이 일어나게 된다는 것이다.[20] 정치적 반대운동은 사람들의 불만이 생겨나서 그것이 결국 정치화되고 정치적 목표와 정치가에 대항하는 운동으로 비화되면서 생겨난다. 그래서 정치적 반대운동의 발생 또는 未발생을 파악하려면 사회집단의 심리적, 이념적 원인들을 고려해야만 한다. 따라서 분석가들은 사회변화를 이해하고자 할 때 사람들의 불만이나 근본적으로 반대하고 있는 목표와 가치에 대한 그들의 의식적 측면을 중요한 것으로 고려하게 될 수밖에 없다. 이러한 맥락에서 본 연구도 러시아의 산업부르주아가 혁명운동에 가담하지 못했던 이유를 그 구성원의 도덕적 기준과 현실규정의 기준이 되는 가치지향들을 통해서 고찰하고, 사회구조가 변화하는 과정에서 산업부르주아의 정치의식이 갖는 중요성들을 다음과 같은 연구순서를 통해 살펴보았다.

우선 서론에 이어 제2장에서는 서유럽의 일부 국가에서 이미 19세기 초에 부르주아라는 사회계층이 형성되었던 반면, 러시아에서는 19세기 말에 이르러서야 겨우 부르주아계급이 형성되었던 것을 사회구조적인 측면에서 살펴보고, 제3장에서는 그러한 사회구조 속에서 성장한 산업부르주아의 정치의식이 보수적이 될 수밖에 없었던 점을 고찰하였다. 제4장에서는 그 정치적 보수성으로 인해서 산

---

20) Ted Robert Gurr, *why Men Rebel*(Princeton: Princeton Univ. Press, 1970), pp.334-47.

업부르주아가 러시아의 자유주의적 혁명에 대하여 소극적이 되었다는 것을 분석하였다. 마지막으로 결론 부분인 제5장에서는 러시아 산업부르주아의 형성과 그 보수적 정치의식이 결국은 부르주아 혁명의 실패와 밀접한 관련을 가지게 된 것을 종합적으로 평가하고 그 의미를 검토하였다.

II. 19세기 以前 부르주아 등장의 저해요인

러시아 사회는 부르주아의 발전을 저해하는 구조적 특성을 보였다. 그것은 제도적인 측면과 문화·의식적 측면에서 나타났는데, 이러한 특성은 18세기까지 지속되었다. 그러나 19세기 이후에 본격적인 근대화가 추진되면서, 부르주아가 경제적인 지배층으로 성장할 수 있었다. 그러나 그들의 정치적 의식은 매우 느리게 변화했다.

그리하여 러시아 부르주아가 19세기말에 이르러서도 자유주의 정치변혁에 적극적이지 않았다. 이것에 대하여 일부 학자들은 수적으로 부르주아가 미약했다는 것과 지역적으로 부르주아가 분열되어 있었다는 주장을 제기되고 있다. 그러나 사실상 20세기 초에 러시아의 수많은 노동자 계층이 존재했다는 것과 드디어 1917년 초에 부르주아가 정치권력의 중심부에 진출할 정도이었다는 것을 고려한다면, 그러한 주장들은 충분한 설명이 될 수는 없다. 따라서 본 글은 러시아 부르주아가 보수적인 정치적 입장을 갖고 있었다는 것을 설명하면서, 그것의 역사적 배경을 고찰한다.

1. 제도적 측면

러시아 국가제도의 특성과 경제구조의 모순점은 러시아 상인계층의 경제력 증대에 부정적 영향을 끼쳤다. 상인들의 활동은 자유로운 상거래의 보장과 그들의 활동 중심지인 도시의 발달에 의해서 촉진된다. 그러나 러시아 상인들의 상업활동은 강력한 권력을 가진 국가에 의해서 간섭되거나 의도적인 정부정책에 이용되기도 했다. 그 결과 러시아에서 자연발생적인 상업발달이 늦어졌다고 할 수 있다.

1) 전제정권(專制政權)에서의 부르주아 창출의 문제점

러시아에서 부르주아를 창출하고자 했던 표트르 대제와 에카쩨리나 여제의 시도는 러시아 경제사에서 주목받는 점이다. 그리하여 러시아 역사가들이 그 시기의 경제적 상황과 그것의 의미에 많은 관심을 기울여 왔다. 특히 러시아의 유명한 역사학자인 끌류쳅스키와 그의 제자들은 17세기와 18세기에 국가가 의도적으로 '도시 만들기'와 '부르주아 만들기'라는 국가정책이 러시아 사회에 끼친 영향에 대하여 많은 연구를 남겼다.[21]

오늘날 표트르 대제는 러시아를 강력한 제국으로 발전시킨 통치

---

21) 끌류쳅스키는 러시아 '부르주아 史家'의 대표적 인물로서 국가개혁이 일반 민중에게 실질적 도움이 되지 못했다는 일관된 주제의식으로 러시아의 역사를 연구했다. 그의 제자들인 밀류코프(П. Н. Милюков), 끼제베쩨르(А. А. Кизеветтер), 보고슬로프스키(М. М. Богословск й), 고찌에(Ю. В. Готье)도 표트르 대제의 개혁과 에까쩨리나 여제의 개혁이 긍정적 측면에 못지않게 허구성도 내포하고 있다는 점에 연구초점을 두었다. 특히 끼제베쩨르는 에까쩨리나의 개혁은 상업지구(posad) 주민의 의식에는 부정적인 것으로 남아있었다고 주장했다. 그의 박사논문 "에까쩨리나의 도시령(都市令). 역사적 해석"(1909년)은 러시아 '제3신분'에 대한 최초의 연구이기도 했다. 土肥恒之, "岐路に立つ歷史家", 一僑論叢, 第113卷, 第2號, 1995 참고.

자로 평가받고 있다. 그는 약 40년간 러시아를 통치하면서 많은 업적을 남겼다. 특히 그는 러시아가 서방의 문명과 기술을 흡수하여 빠른 시일에 서유럽의 선진국과 같은 수준의 국가로 발전하기를 원했다. 그래서 표트르 대제 스스로 유럽을 순찰하고 국내에 돌아와서는 의복의 서구화, 관료제도, 단발령, 문자개혁, 유학생 파견 등과 같은 개혁을 실시했을 뿐만 아니라, 많은 전쟁에서 승리하여 영토를 크게 확장시켰다. 그러나 그의 통치에서 가장 특별한 점은 서유럽의 외형적 발전형태를 순식간에 따라잡기 위하여 도시들을 인위적으로 건설하기 시작했다는 것이다. 그 중에서 가장 유명한 경우가 상트 페테르부르크 도시 건설이다. 그 도시는 발트해 연안의 늪지대에 많은 인력을 강제 동원하여 계획적으로 건설되었으며, 표트르 대제는 1703년에 이 도시를 건설한 후에 수도를 모스크바에서 이곳으로 옮겼다. 그리하여 상트 페테르부르크 도시는 러시아 서구화를 이끄는 '창문'이 되었으며, 1917년 러시아 혁명이 일어나기 전까지 러시아 제국의 수도가 되었다. 그런데 무엇보다 놀라운 것은 서구사회의 발전의 원동력이 도시의 발전에 있다는 점에 착안한 그의 경이로운 발상이다. 즉 그는 인위적으로 도시들을 건설해 놓고 국가발전의 시간을 단축하고자 했다.

이러한 국가주도의 계획적 발전모델은 러시아 역사에서 그 후에도 계속해서 반복되었다. 18세기뿐만 아니라 19세기, 20세기에 국가는 계획적으로 국가적 외형을 만들고자 했다. 즉 서구사회가 농촌사회, 상업발달, 산업시대와 같은 역사적 단계를 거치면서 발전해 온 것을 러시아는 그것들을 압축해서 도입해서 빨리 풀어나가고자 했다. 이러한 전통이 러시아 역사를 어떻게 이끌어 갈 것인지는 매우 흥미로운 부분이다.

도시의 발전은 원래 서구에서 두 가지의 경로를 통해서 만들어졌다. 하나는 영주(領主) 혼자 상업통제와 독점화를 장악하는 경우에도 자연스럽게 상권이 발달하면서 도시적 형태가 나타났고, 또 다른 하나는 여러 영주가 '집단거주'를 하고 있는 지역에서 그들간에 교환이 활발해지면서 상업적 기능을 가진 도시가 형성되었다.[22] 그리고 산업화에 의해서 농촌의 노동구조가 크게 변화하면서 잉여 노동력이 도시로 유입되면서 도시는 빠르게 발전했다.

그런데 러시아에서는 절대적 왕권을 가진 전제정권이 인위적으로 도시를 만들었기 때문에 서구와 같은 도시의 발전형태가 나타나지는 않았다. 이 문제는 전제정권과 부르주아가 양립할 수 없었다는 서구의 역사발전을 반추해 볼 때 그 한계성을 인식할 수 있게 된다. 서구의 도시발달은 시장경제에 기초해서 자가발전을 해왔다. 국가의 권력도 시장의 경제원리를 대신할 수는 없었다. 물론 현대사회에 와서는 시장의 경제원리가 국가의 관리와 공존하게 된 상황이 만들어지기도 했으나, 그것은 경제의 전체적 특성이라고 볼 수 없다.

따라서 표트르 대제가 많은 개혁을 했지만 민중의 힘을 키우는 것이 아니라 왕권을 계속해서 강화했다는 것은 '도시 만들기'가 결국은 변형된 형태가 될 수밖에 없는 결과를 초래했다.

즉 국가의 수입을 증대시키기 위하여, 황실은 직접 많은 사업을 경영하고 상인들은 단지 국가적 대리인으로 활동하는 경우가 많았다. 그리하여 도시에 거주하는 상인은 스스로의 사업을 확장시키는 것 보다는 세금 징세인의 역할을 맡는다든지, 국영기업의 감독자 또는 국가적 사업에 종사하기도 했다. 특히 경공업(면직, 염

---

22) M. 베버, 조기준 역, 『사회경제사』(서울: 삼성출판사, 1993), p.102.

색 등)이 발전하면서 황실은 많은 공장을 세우게 되는데, 그러한 전국 곳곳에 세워지는 공장들과 상업적 활동을 감독할 행정력이 부족하게 되는 문제점을 해결하기 위하여, 상인에게 운영권을 위탁하고 고정된 세금을 황실에 납부하게 했다. 그들이 바로 모스크바 고스찌(гость)였다. 이 고스찌는 자유로운 기업가가 아니었다. 그들은 왕실에 의해서 지명되고 정부를 위해서 일했다. 경우에 따라서는 지방의 귀족이 재산을 축적했다는 것을 정부가 알게 되면 그에게 모스크바로 이주하라는 명령을 내리고 고스찌로 임명하기도 했다. 그래서 고스찌는 상품이나 고객을 위해서 경제활동을 하는 것이 아니라 왕의 요구에 따라 상업적 거래를 대신했다. 그리고 그들이 지속적으로 이익을 얻기 위해서 국가에 대한 책무도 필수적이었다. 그래서 어느 의미에서 그들은 자유 경제의 적이었다.[23] 그 이외에도 상인들은 국가의 과도한 세금을 납부해야 하는 것으로도 고충을 겪기도 했다.[24]

이와 같이 상인은 세금관리원으로 봉사하거나 소극적인 경제활동에 머무르는 경우가 많았다. 지방의 관리들도 비슷하게 상인계층의 활동을 방해하기도 했다. 그리하여 유럽에서 중세시대 봉건 귀족과 교회의 간섭을 벗어나려는 사람들이 도시로 흘러 들어왔던 것과는 다르게 러시아에서는 도시로부터 도망하는 사람도 많았다.[25]

그렇기 때문에 절대적 왕권을 가진 표트르 대제의 산업화는 국

---

23) Richard Pipes, *Russia under the Old Regime*(New York: Charles Scribner's Sons, 1974), p.192.
24) Donald Mackenzie Wallace, *Russia: On the Eve of War and Revolution*(Princeton: Princeton Univ. Press, 1984), p.179.
25) Donald Mackenzie Wallace, op. cit., p.179.

가적 부를 중대시키기는 했으나, 러시아에서 부르주아 계층이 확산되지는 않았다. 이러한 상황은 표트르 대제 이후에 에까쩨리나 대제의 통치에서도 반복되었다.[26] 즉 그녀도 수도인 페테르부르크를 서구풍의 근대도시로 정비하는 등 도시 건설에 애착을 보였다. 그녀도 서구사회의 발전에 자극을 받고 러시아의 지방분권과 도시에서 귀족의 특권을 인정하고 도시의 길드제와 자치를 인정하기도 했다. 그녀의 통치기간 동안 216개의 도시가 세워지고, 도시 육성과 관리에 관한 법령이 제정되었다. 1785년 도시에 대한 칙령이 그것이다.[27] 그 법령은 내용이 크게 변질되지 않은 채 1870년에 새로운 도시법이 만들어 질 때까지 법적효력을 갖고 있었다.[28] 또한 상공업 지역이라는 포사드(posad)를 발전시키기 위한 조치들이 취해졌다.[29] 그러나 그녀는 자신이 외국인이라는 결함을 보

---

26) 에까쩨리나 여제는 독일 귀족출신으로 표트르 대제의 딸 안나의 아들인 표트르 3세와 결혼했으나 그는 궁정혁명을 일으킨 후에 통치자로 등극했다. 그녀는 1762년부터 1796년까지 34년간 통치하면서 계몽군주로서 명성을 갖게 될 정도로 많은 개혁을 하고, 관료적 절대주의를 표방하면서 표트르 대제의 업적을 더욱 한층 발전시켰다고 평가받는다.

27) 1785년 '도시에 대한 특허장'에서 규정된 바에 따르면 도시민은 6계층으로 구분되어 각층은 대의원을 도시의 자치기구(두마)에 대표를 보내는 것이 인정되었다. 市두마는 정부로부터 여러 가지 규제 등을 받아서 충분히 기능하지는 못했지만, 그 후에 자주 개혁을 하게 되어 그 형태는 제정말기까지 존속했다. 특히 1870년의 개혁에서 도시 신분 내의 차별을 폐지하고 일정의 세금을 낸 모든 시민에 그 선거권을 주었다. (市 이외의 행정단위인 道와 郡에는 지방자치기관인 젬스트보가 일부 지역을 제외하고 1864년 이후 설치되었다). 『ロシア・ソ連を知る事典』(東京: 平凡社, 1989), p.392.

28) Donald Mackenzie Wallace, op. cit., p.180.

29) 포사드는 상인과 수공업자의 거주지역을 말한다. 처음에는 공후과 귀족들의 거주지역인 성벽에 둘러싼 도시(gorod)가 산과 언덕위에 위치

강하기 위하여 귀족들에게 많은 토지를 부여하는 등의 특권을 강화시켜 주었다. 그리하여 농민(농노)은 더욱 더 열악한 상황에 빠지게 되었다. 더구나 프랑스 혁명이 발생한 후에 에까쩨리나 여제는 부르주아의 반동을 두려워하고 왕권을 더욱 강화시켰다.

그리하여 표트르 대제와 에까쩨리나 여제의 도시 만들기는 외형적 성과에 머물기도 했다. 그 시기에 농촌 마을을 도시로 바꾸라는 중앙정부의 명령을 받은 지방 관리들은 지방재판소, 경찰소, 교도소를 위한 건물만을 세우고 감독관이 마을에 도착하면 새로 만든 건물을 보여주고, 간단한 공식행사를 거친 후 공식적 행동을 끝내고 도시가 개설되었다고 선언했다.[30] 이와 같이 만들어진 도시는 서류상에서는 분명 도시였지만 그 기능에서는 이전의 마을과 크게 다르지 않았다. 그리하여 18세기의 러시아 도시들은 주로 국가의 방위와 행정을 위한 기능을 맡고 있었다고 할 수 있다.[31]

그리하여 러시아에는 19세기 중반까지 서구적인 부르주아 문화를 간직한 대도시가 존재하지 않았다.[32] 1856년에 인구가 10만 명

해 있었고 상인과 수공업자의 거주지역은 그 외곽에 위치하고 있는 일이 많았기 때문에 포돌(подол: 산자락)이라고 불리어지다가 13세기 초부터 포사드(посад)라고 불리어졌다. 그런데 살고 있는 주민은 납세의무를 져야 했다. 또한 포사드에는 영주의 사유지도 존재하고 있었으나 17세기 중엽 정부가 그것들을 모두 포사드 공동체로 편입시키게 되었다. 그 후 포사드의 형태가 커지면서 商工業 중심지의 의미로 포사드라는 말이 사용되게 되었다. 『ロシア・ソ連を知る事典』(東京: 平凡社, 1989), p.543.

30) Donald Mackenzie Wallace, op. cit., p.181.

31) Abbott Gleason, "The Terms of Russian Social History." (ed.) Edith W. Clowes, Samuel K. Kassow, and James l. West, *Between Tsar and People*(Princeton: Princeton Univ. Press, 1991), pp.16-17.

32) Anne lincoln Fitzpatrick, *The Great Russian Fair*(london: Macmillan,

이상 되는 도시는 페테르부르크와 모스크바가 전부였고, 흑해의 주요한 항구였던 오뎃사와 러시아령에 속해 있던 폴란드의 바르샤바는 약 7만 명의 인구를 갖고 있었을 뿐이었다.[33]

1800년의 통계자료에서도 러시아 도시 인구는 전체인구의 약 4%를 차지하고 있었고, 1897년의 러시아 도시인구도 전체인구의 13%를 차지하고 있었을 뿐이었다. 독일은 이미 1500년에 10% 수준에 도달했다.[34] 19세기말 프랑스와 독일의 도시 인구는 전체인구의 약 40%였고, 영국에서는 약 70%였다.[35]

이와 같이 도시인구의 비율이 중요하게 인식되는 것은 전통사회에서 근대화로 이행하는 척도가 되기 때문이다. 그리고 모든 위대한 성장의 시기는 도시의 팽창으로 표현된다. 이탈리아에서 도시의 문화가 꽃피었을 때 그것은 곧 르네상스였다. 도시가 이 성장의 원인이며 기원일까라고 묻는다면, 그것은 자본주의가 18세기 경제 성장이나 산업혁명에 대해서 기여했는지를 묻는 것이나 마찬가지로 불필요한 질문이다.[36]

그러므로 도시의 성장은 부르주아 발달에 있어서 중요한 요소이다. 그렇지만 러시아의 도시는 위에서 설명한 바와 같이 인위적으로 조성된 경우가 있었을 뿐만 아니라 도시의 상업적 기능도 약했다. 즉 모스크바를 비롯한 대도시들이 농촌과 유기적인 관계를 맺고 있지 못해서 식량조달에 어려움을 종종 겪기도 했다. 때

1990), p.5.
33) Ibid., p.16.
34) 페르낭 브로델, 주경철 옮김, 『물질문명과 자본주의 I -2』(서울: 까치, 1995), p.702.
35) Alexander Baykov, op. cit., p.6.
36) 페르낭 브로델, op. cit., p.696.

로는 러시아의 수도인 페테르부르크 도시도 재정적으로 곤란을 겪을 정도로 부유하지 못했다.[37]

또한 러시아 도시들은 거대한 농촌세계에 대하여 주도권을 가지지 못했고, 자기들의 의지를 농촌에 강요하기보다는 오히려 농촌에 의해서 좌우되고 있었다. 농촌은 기후조건이 악화되면 더욱 더 가난하고 잉여생산물이 넉넉하지 못하는 등 상태에 빠지게 되면 도시들은 더욱 활력을 잃게 되었다. 서유럽에서처럼 대도시들이 하급 소도시와 활발한 교역을 하는 기제도 크게 발달되어 있지 않았다. 그러므로 러시아 도시는 느리게 변화하고 있고, 부유한 산업가 계층은 한정되어 있었다.

그리하여 '국가는 강대하나 민중은 빈곤하다'는 끌류쳅스키의 명제처럼 러시아 도시가 민중을 부자로 이끌지 못했다. 이러한 결과에 대하여 러시아의 유명한 역사학자인 밀류코프는 표트르 대제와 에카쩨리나 대제가 도시를 육성하고자 했던 것이 단지 스웨덴과의 전쟁을 치루기 위한 정치적 목적으로 일시적으로 추진되었기 때문이라고 비판했다. 그것에 대한 증거로서 표트르 대제시대 존재했던 수많은 기업 중에서 에까쩨리나 여제 통치 후반인 1780년까지 남아 있던 기업은 단지 22개뿐이었고, 기업의 숫자가 점점 줄었다는 것이 거론되었다. 또 다른 저명한 역사학자인 끌류쳅스키도 표트르 대제 이후 더 이상 러시아 산업이 뚜렷한 발전을 보이지 않았다는 것을 지적하고 있다.[38] 특히 표트르 대제가 역점을 두고 추진한 조

---

37) Ibid., p.786.
38) Arcadius Kahan, "Continuity in Economic Activity and Policy During the Post-Petrine Period in Russia", in (ed.) W. l. Blackwell, *Russian Economic Development from Peter the Great to Stalin*(New York: New Viewpoints, 1974), p.55.

선업도 실제로 크게 성공하지 못했다. 다음의 표에서 보면 당시 러시아에서 활동하던 선박들이 수적으로 많지 않았다.[39)

〈표 1〉 페테르부르크에서 활동하던 상선(商船)의 국적(國籍)

	총 商船의 수	러시아 商船	영국 商船	기타
1752년	425	5	180	260
1755년	414	17	236	161
1787년	2,015	141	767	1,107

출처: Michael Hittle, The service City (Massachusetts: Harvard Univ. Press, 1979, p.106.

표에서 나타난 바와 같이 1752년 러시아 국적의 상선의 숫자는 불과 5척에 불과하고 그것은 1787년에서도 크게 늘어나지 않았다. 그리고 1755년에서 1787년 사이에 러시아 선박의 수가 급증한 것에 대해서 조심스런 평가가 있어야 하는데, 왜냐하면 일부 외국선박이 관세를 피하기 위해서 러시아 국기를 달고 있었기 때문이다.[40)

이와 같이 러시아에서 도시로의 인구유입이 증가하지 못한 것에는 농노제라는 제도 때문이기도 하다. 농노제는 러시아의 자본주의 경제발전에서 장애물과 같은 것이었다.

농노제는 다양한 경로를 통해서 강화되었다. 즉 표트르 대제는 조세제도를 바꾸어서 이제까지 토지에 세금을 부과하던 것을 인

---

39) V. N. Iakovtsevskii, *Kupecheskii kapital v feodal'no-krepostnicheski Rossii*(Moscow, 1953), p.120. J. Michael Hittle, *The Service City* (Massachusetts: Harvard Univ. Press, 1979), p.106.

40) Ibid., p.106.

두세(人頭稅)로 변경했는데 그것이 농노제를 촉진시키게 된 요인이 되었다. 즉 영지 소유자는 정기적인 인구조사 실시 때 그 토지에 거주하고 있는 인구의 수에 따라서 조세를 납부해야 하는 의무를 갖게 된 것이다. 당시 농민들은 수확물을 지주와 나누어 갖는 소작인으로 영주에게 그 수확의 반을 공납했다. 그러나 영주는 바뀐 인두세의 세금을 지불하기 위해서 변동이 심한 현물공납보다는 확정적인 화폐공납이 유리하다고 생각하였으므로 농민으로 하여금 일정한 소작료(Оброк)를 납부하도록 했다. 화폐로 소작료를 지불하게 된 농민은 많은 부채를 짊어지게 되었다. 농민은 단한 번의 흉년으로도 곧 부채를 짊어지게 되었다. 실제로 에까쩨리나 여제 시기에 흉년이 반복되자 농민들의 부채는 늘어가고 농노로 전락해 갔다. 그러한 상황을 참지 못한 농민들이 반란을 일으킨 것이 바로 1773년에 발생한 '푸가초프의 난'이다.[41]

한편 러시아 농민은 이주의 자유도 없었다. 이것은 러시아 황실히 귀족층을 보호하면서 만들어진 제도이다. 말하자면 러시아 국가는 왕과 귀족의 연합으로 발전되어 왔는데, 왕과 귀족이 대립을 할 경우도 있지만, 귀족층의 안정은 황실이 존속하기 위해서 필수적인 요소이기도 했다. 그런데 때때로 대토지를 소유한 귀족이 농민들에게 유리한 소작 조건을 제시할 경우에 소규모 영작지를 갖고 있는 귀족들은 노동력을 상실하게 되어 몰락할 경우가 있었다. 그리하여 이러한 소규모 영작지를 가진 귀족들이 황실에 탄원을 하게 되고, 이 항변을 받아들여서 법으로 귀족의 허락이 없이 농민는 자유롭게 이주할 수 없다는 법이 제정되었다.

---

41) 니꼴라이 V. 랴자노프스키, 이길주 옮김, 『러시아의 역사 Ⅰ』(서울: 까치, 1991), p.335.

이러한 법령은 1597년에 제정된 것으로 '소작계약은 마음대로 해약할 수 없다'고 선언한 내용은 계속해서 농노제의 근간을 이루고 있었다. 그리하여 농민은 사실상 귀족의 허락이 없이 자유롭게 이주할 권리를 상실했고, 토지에 결박당하게 되었으며, 그들은 조세장부에 등록되었다.[42] 또한 그들은 영주의 재산으로 취급되었고 자유롭게 도시로 떠날 수 없었다.[43] 그리고 러시아에서 귀족층이 늘어날수록 농노층도 확대되었다.[44] 더구나 1762년에 귀족 이외에는 아무도 농노를 소유할 수 없다는 법령이 제정되어서 도시의 사업가가 자신의 노동력을 구하기도 어려웠다.

따라서 러시아에서 도시에 거주할 수 있는 인구는 한정되었고, 상업적 활동을 담당할 사회계층이 증가되지 않았다. 귀족들은 상업적 활동보다는 군복무와 국가직무에 봉직하는 데 많은 시간을 보내야 했기 때문에, 도시 산업화를 위해서는 농노제가 폐지되어야 했다.

결국 러시아는 1856년에 터키를 상대로 했던 크리미아 전쟁에서 패배한 후에 사회적 모순을 깨닫게 되었다. 그러한 모순에 대한 반성을 통해서 1861년에 러시아 정부는 농노해방령을 발표했다. 그러나 국가가 강제로 농노를 해방하라는 것에 대하여 영주들은 대가를 요구했다.[45] 농노에서 해방되는 농민은 영주와의 어떠

---

42) M 베버, 조기준 역, op. cit., p.128.

43) Alec Nove, *Studies in Economics and Russia*(london: Macmillan, 1990), p.28.

44) А. Н. Боханов, *Крупная буржуазия россии*(Москва: Российская Академия Наук, 1992), с.94.

45) Alexander Baykov, "The Economic Development of Russia", in (ed.) William l. Blackwell, *Russian Economic Development from*

한 부채도 갖지 않고 자유롭게 떠나야 했지만, 귀족들은 일정기간
의 상환시기를 조건으로 대금을 지불할 것을 요구했다.

그리하여 러시아에서 도시건설과 더불어 농노해방도 역시 인위
적인 방식으로 하게 되었다. 역사적으로 많은 국가들에서 농민의
자유화 과정이 이루어졌다. 예를 들면 영국에서는 시장(市場)제도
와 산업화가 발전하면서 농민들이 스스로 떠나면서 장원제가 내
부에서 붕괴되었다. 또한 프랑스, 남서 독일, 폴란드와 같은 곳에
서는 혁명이 발생하면서 봉건제가 해체되었는데 그 과정에서 영
주의 토지가 몰수되어 농민들에게 분배했다. 특히 프랑스에서는
혁명 이후에 구성된 국민회의는 영주로부터 몰수된 모든 토지에
대하여 어떤 배상도 하지 않았다. 그리고 몰수된 토지를 서민과
농민에게 매각하였다. 그래서 프랑스의 농업은 소농 및 중농의 형
태가 되었고, 도시에서 산업화가 어쩔 수 없이 진행될 수밖에 없
었다. 한편 프로이센의 일부지역에서는 농민과 영주가 타협하여
토지의 일부만을 영주가 가지고 나머지를 농민들에게 분할해 주
기도 했다.[46)]

이와 같이 봉건제의 해체과정은 농촌 구조에 영향을 주었고, 농
촌의 잉여 노동력이 도시로 유입되었다. 즉 이러한 농촌구조 개혁
은 도시의 부르주아 발달과 연관을 갖고 있는 것이다.

그런데 러시아에서는 인위적으로 국가가 사회구조의 후진성에
원인이 된다고 판단해서 농노해방령을 발포했지만, 귀족층이 무상
으로 농노를 해방하지 않겠다고 반발하고 농노에게 토지도 불하
하지 않고 오히려 농노가 자유민이 되기 위해서 대금을 지불할

Peter the Great to Stalin(New York: New Viewpoint, 1974), p.5.
46) M. 베버, 조기준 역, 『사회경제사』(서울: 삼성출판사, 1993), p.132.

것을 요구했다. 그래서 러시아 정부는 이 문제를 해결하기 위하여 농민을 농촌공동체로 편입시키고 그곳에서 얻은 이익의 일부를 귀족에게 상환하고자 했다. 이러한 농촌공동체는 집단주의적 원칙에 기초하여 개인주의적 욕구를 제한하고 통제하는 새로운 사회적 기제가 되었다.[47)]

2) 신분제도가 갖고 있는 제약성

러시아에서 부르주아 성장을 저해하는 또 하나의 요소가 신분제도이다. 자본주의 발전은 원래 자유로운 신분을 가진 개인이 창조적이고 적극적인 기업 활동을 함으로써 이루어진다. 그러나 러시아는 19세기까지 제도적으로 신분제도가 존재하고 있어서 국민들의 자유로운 사회활동을 막고 있었다. 러시아의 신분제도는 제국 내의 인적동원(人的 動員)과 재정문제의 원활한 운영을 위하여 18세기에 만들어 졌다. 이러한 신분제에 의해서 귀족, 도시민, 농민 그리고 성직자계급은 각각 국가적 의무를 실행하게 되었고, 그 중에서 상인은 국가적 상거래를 대신하는 경우도 많았다.[48)] 그래서 때때로 상인들의 의무사항은 때때로 비경제적인 것으로 상인들의 기업가정신을 저해하는 요소로 작용했다.[49)] 이러한 신분제

47) Eric R. Wolf. *Peasant Wars of the Twentieth Centry*(New York: Harper & Row, 1969), p.56.

48) Gregory l. Freeze, *The Parish Clergy in Nineteenth-Century Russia Crisis Reform, Counter-Reform*(Princeton: Princeton Univ. Press, 1983), p.145.

49) Richard Pipes, op. cit., p.191.

는 19세기와 20세기 초까지 계속 유지되었다.[50]

러시아에서 신분제가 20세기 초까지 유지되면서 상인은 상업적 성공을 달성하기 보다는 오히려 상위의 신분상승을 꾀하면서 자신의 상업적 발전을 중단하는 경우도 나타났다.

그 이외에도 상인은 대공장을 소유하고 도·소매업을 운영하기도 했으나, 대부분 소규모 제조공업 및 판매활동에 종사하는 경우가 많았다.[51] 그렇지만 상인 신분이 아닌 귀족계층도 대규모의 교역을 할 수 있었기 때문에 순수하게 상인계층이 확대될 수 있는 사회적 기반이 튼튼하게 보장된 것은 아니었다. 그러므로 도시민에서 출발한 상인이 귀족과 경쟁하는 것은 어려웠고, 특히 소규모의 재래식 공업도 귀족이 거의 독점하다시피 했다. 자료에 의하면 19세기 초에 모스크바에서 귀족들이 경영하던 모직물공장은 204개나 되었고,[52] 귀족가문인 이소포프스(Isopovs)家는 군복공장을 경영하고 있었는데 19세기 초 러시아 모직물 공업의 전체생산의 거의 반을 차지하기도 했다.[53] 이처럼 귀족 신분은 기업활동에서 유리한 지위를 차지하고 있었기 때문에 러시아의 산업가는 귀족 출신이 대부분이었다. 그리고 귀족은 황실과 결탁하여 상인들은

---

50) Sidney Monas, "The Twilight Middle Class of Neneteenth-Century Russia", in (ed.) Edith W. Clowes, Samuel D. Kassow, and James l. West, *Between Tsar and People*(Princeton: Princeton Univ. Press, 1991), p.32.

51) Sergei G. Pushkarev, *Dictionary of Russian Historical Terms from the Eleventh Century to 1917*(New York: Yale Univ. Press, 1970), p.59.

52) William l. Blackwell, *The Beginning of Russian Industrialization 1800-1860*(Princeton: Princeton Univ. Press, 1968), pp.202-5.

53) 노명식, 『시민계급과 시민사회』(서울: 한울아카데미, 1993), p.43.

공업경영에서 배제시키기도 했다.[54] 그래서 상인은 귀족 출신 기업인과 대립하고 투쟁을 해야 했다.[55]

러시아 상인계층의 발전을 억제하는 또 다른 요소는 길드법이다. 즉 상인은 상업적 활동을 위해서 미리 3등급으로 구분되어 있는 길드에 등록하고 자신의 상업적 규모에 따르는 증서를 구입해야 했다. 예를 들어 1839년 길드법에 따르면, 600루블을 지불해서 제1길드의 증명서를 구입하면 상인은 곧 외국무역 및 국내교역에 종사하든지 선박과 공장을 소유하는 것이 가능하게 되고 또 최저 1만5천 루블의 자산신고에 의해서 은행업을 경영하는 것이 가능했다. 제2길드의 상인은 264루블로 증명서를 구입하면 적어도 6천 루블의 가치를 갖는 공장을 경영하기도 하고, 국내의 도·소매업을 경영할 수 있었다. 제3길드의 상인은 30-66루블을 지불해서 증명서를 받았고, 자신이 사는 도시와 郡(уезд)에서 소매업자로서 상업을 경영할 수 있었다. 이 길드법은 1863년에 제3길드가 폐지되었던 것을 제외하면, 1917년까지 존속했다.[56]

그런데 러시아의 길드에는 자치적인 내용을 갖고 있지 않았다. 그것이 서유럽의 길드와 차이이다. 오히려 러시아에서는 길드에 등록한 상인은 지방경찰의 직무를 수행하기도 하고 지방세를 징수하기도 하는 것으로 국가에 봉사할 뿐이었다. 더욱이 같은 길드 동료가 선거로 공직에 선출되었을 경우에도 상인은 도시의 행정기구와 러시아 정부로부터 일체의 보수도 받지 않고, 봉사하지 않

---

54) Alfred J. Riever, op. cit., p.112.

55) W. l. Blackwell, op. cit., p.204.

56) Thomas C. Owen, *Capitalism and Politics in Russia*(Cambridge: Cambridge Univ. Press, 1981), p.3.

으면 안 되었다. 또 그들은 여러 가지 자선단체와 지방자치체의 위원회에서도 무보수로 봉사를 했다.

따라서 러시아에서 상인 신분이 되기 위해서는 길드의 증명서를 구입할 수 능력을 계속 유지해야 한다. 혹시 상인과 그의 자식이 그해의 증명서 비용을 지불할 수 없는 경우에는 가족 전원이 소시민 신분으로 전락하고, 지금까지의 사업에 대한 권리를 잃게 되었다.[57]

또한 1898년 도입된 국세징수에 대한 법률에 의해서 길드 증명서를 구입하는 것만으로 영업활동이 보장받을 수 없게 되었다. 길드 증명서를 구입하더라도 계속해서 올라가는 세금을 납부하기가 쉽지 않았다. 예를 들면 페테르부르크에서 제1길드 증명서를 구입하고 영업을 하려면 영업증명서와 여러 가지 세금으로 일년에 1천 루블을 지불해야 했다.[58] 그리하여 일정 금액을 납부할 수 있는 사람만이 상인계층으로 편입될 수 있었다.

이와 같은 이유로 19세기 초에는 많은 재산을 축적하면 곧 상인신분을 떠나려는 상인들이 많았다. 이와 같은 상황에 대하여, 1830년에 어떤 상인은 이와 같이 재산을 축적한 상인들이 그것을 다음의 경제활동을 위한 확대재생산에 힘쓰기보다는 사회적 신분 상승을 노리고 다른 신분계층으로 이동하려 하는 것이 러시아의 공업발전에 도움이 되지 않는다고 지적했다.[59]

따라서 상인계층이 자신들의 집단적 힘을 발전시킬 수 없게 되었

---

57) Ibid., p.6.

58) А. Н. Боханов, op. cit., pp.30-32.

59) И. Г. Булумин, *Очерки економической мысли в России в XIX в.*(Москва: Наука, 1940), c.159.

고, 상인은 귀족층으로 이동하고자 하는 것에 집중하고 있었다. 이러한 상인계층의 이탈은 국가적으로도 우려가 되었다. 1832년에 국가는 새로운 명예시민이라는 신분을 도입했다. 그리하여 상인들의 신분상승에 대한 요구를 흡수하여 상업적 활동에 대한 지속성을 유지시키고자 했다. 즉 명예시민이라는 칭호를 받고 상인은 인두세 및 병역의 면제와 같은 여러 가지 특권을 일생동안 향유할 수 있도록 하고, 매년 상인길드의 회원자격을 유지할 필요가 없도록 했다. 그래서 상인이 사업을 계속하고자 하는 경우에는 길드 증명서를 구입하고, 만약에 손실을 당해서 경제활동을 하지 않은 경우에도 사회적 지위와 특권을 상실할 걱정을 할 필요가 없었다.[60]

그런데 명예시민으로 신분이동을 한 부유한 교역업자가 사업을 경영하지 않고 이미 축재된 재산으로 편하게 생활하는 쪽을 택하는 경우가 적지 않게 있었다. 따라서 정부가 취한 조치에도 불구하고 상인가족이 2대 이상 같은 일을 계속하는 경우가 흔하지 않았다.[61] 실제로 다음의 표에서 알 수 있듯이 모스크바 상인계층의 숫자는 줄어들기도 했다.[62]

---

60) 명예시민들은 궁전출입권, 장검착용권, 제복착용권, 훈장과 메달을 받을 수 있는 특권을 누릴 수 있었다. А. Н. Боханов, op. cit., p.31.

61) Ibid., p.5.

62) Robert W. Thurston, *liberal City, Conservative State*(Oxford : Oxford Univ. Press, 1987), p.197.

단위: 1000명

신분 \ 년도	인 구			인구비율(%)		
	1871	1882	1902	1871	1882	1902
귀 족	48.2	55.8	59.6	8.0	7.4	5.0
성직자	11.2	13.1	10.6	1.9	1.7	0.9
명예시민	7.1	9.2	40.7	1.2	1.2	3.5
상 인	29.2	22.9	18.5	4.8	3.0	1.6
길드상인	153.9	181.2	227.6	25.6	24.1	19.4
농 민	260.4	370.7	789.6	43.2	49.6	67.2
군 인	15.7	–	–	2.6	–	–
하층민	60.9	71.6	–	10.1	9.5	–
외국인	6.9	10.9	14.7	1.1	1.5	1.3
기 타	8.8	18.1	13.7	1.5	2.4	1.1
총 계	602.0	753.5	1,174.7			

출처: Rashin, Saselenie Rossii, p.125.

위의 표에서 보면 상인과 길드상인이 1871년 도시전체 인구에서 차지하는 비율이 각각 4.8%와 25.6%에서 1902년 각각 1.6%, 19.4%로 줄어 있음을 알 수 있다. 반면 명예시민은 1871년 1.2%에서 3.5%로 증가하고 있다. 모스크바 제1길드 상인이 명예시민으로 흡수되어졌다는 것을 나타낸다. 이처럼 상인신분에 대한 긍지보다는 상층신분으로 이동하려는 상승욕구가 신분제 사회의 특성 때문에 사회전반에 퍼져 있었고, 그것은 상업활동의 위축을 초래했다.

이와 같은 경제적 손실에도 불구하고 러시아에서 신분제가 계속 유지된 이유는 전제정치 때문이다. 신분제는 동일한 이해관계를 가진 몇 개의 계층으로 분리되어 국가적 관리가 수월하고, 특히 지주가 농민층을 관리하고 있었기 때문에 국가의 직접적인 조정이 요구되지 않았다.

그렇기 때문에 산업화가 진행되면서 기존의 신분제에서 규정되어 있지 않은 새로운 직업을 가진 사회집단이 생겨남으로써 신분제가 더 이상 의미가 없어지게 되었던 19세기 중반에도 제정러시아는 국가적 관리를 위하여 신분제를 관리하고 있었다. 즉 19세기 중반이후에 근대화가 추진되면서 사회적 규모가 커지게 되고, 황실의 통치가 약화되자, 오히려 국가는 귀족층의 강화와 농민층의 유지를 고수하고자 했다. 그리고 상인층의 수를 필요한 수준에 묶어 두기 위해서 길드 등록법을 엄격하게 적용하기도 했다.[63] 즉 1899년 정부는 도시에서 부르주아가 급격하게 증대되는 것을 우려해서 모스크바 제1길드와 유태인 상인의 숫자를 일정한도에서 묶어두고자 했다. 또한 길드법은 타지방 출신이 모스크바로 유입되는 것도 제한할 수 있었다. 그런데 그것은 모스크바 제1길드에 속한 상인의 노령화를 촉진시켜서 1차대전 이전 모스크바 제1길드 상인의 약 1/2이 60세 이상의 노령인구였다고 한다.[64] 이와 같이 러시아에서 신분제 역시 19세기 중반까지 부르주아의 등장을 저해하는 요인으로 작용하고 있었다.

---

63) А. Н. Боханов, op. cit., p.39.
64) Ibid., p.39.

2. 문화·의식적 측면

1) 전통적 가치

일반적으로 사람들은 기존질서에 익숙하다. 즉 전통적으로 이어져 온 사회적 관습과 신념들에 기초한 사회가 안정적 상태에 있을 경우에, 일반적 사람들은 그것의 변화에 대한 필요를 느끼지 못한다. 그들이 자신들이 갖고 있는 전통적 가치에서 벗어나 새로운 가치를 받아들이게 되는 과정은 변혁의 시기이다. 변혁은 어떤 특별한 계기를 통해서 일어난다. 통상적인 생활 영역 안에서 어떤 예상치 못한 사태가 나타날 때 기존의 사회구조가 미처 그것에 대처하지 못하면 기존 질서는 흔들린다. 개인의 행동적 수준에서는 구조적 해체에서 오는 새로운 위협, 요구 그리고 도전에 직면했을 때 개인은 새로운 사회적 신념에 대한 의식적 변화를 겪게 되고, 그것으로 구질서는 붕괴하게 된다.

이처럼 구조적 변화와 의식적 변화는 깊은 관련성을 갖고 있다. 그런데 18세기의 러시아 국가는 황제가 주도하는 변혁을 진행하고 있었지만 (표트르 대제와 에까쩨리나 대제의 경우처럼), 그러한 구조적 변화만큼 러시아인의 전통적 가치와 생활방식들의 변화는 빠르게 일어나지 않았다. 예를 들면 많은 자료들에서 나타난 바와 같이 러시아 인민의 황제숭배의식(짜리의 통치형태를 숭배)은 특별할 정도로 신성불가침과 같았다. 그리고 이러한 황제숭배는 현대에 이르러서는 러시아의 강력한 중앙집권적 정치문화를 만들어냈다.

이러한 절대적 통치 권력에 대한 인민들의 무조건적 신뢰가 어

떻게 형성되었는지는 장문의 설명이 필요하고 그것을 둘러싼 논란
도 치열하게 전개될 수 있지만, 본 글에서는 다음과 같은 설명으로
요약해 본다. 러시아 역사가 9세기 경에 지금의 우크라이나 수도인
키예프에서 세워졌던 공국이 성공적으로 발전하면서 그것이 모스
크바 공국으로 이어지고 막대한 영토확장을 통해서 결국 강력한
제정러시아를 설립하는 과정에서 무엇보다도 최고 통치자의 능력
과 역할이 중요하게 작용했기 때문으로 본다. 즉 제정러시아의 왕
들은 18세기에서 19세기까지 계속해서 전쟁을 통해서 영토를 확장
하는데 성공했으면, 그것이 인민의 요구가 아니라 중앙정부의 판단
의 결과인 경우가 많았다. 또한 이러한 점에서 성공했던 러시아 황
제들은 종교적 권위에서도 최고의 지위를 차지하고 있었다.

따라서 막강한 권력과 종교적 권위를 갖은 황제의 통치력(짜리
즘)은 현실적으로 무한적 능력을 가진 법과 같았다. 그러므로 인민
은 물론이고 성공한 상공업자들 역시 이러한 전통적 짜리즘에 의
존하려는 경향이 여전히 높았다.[65]

러시아 상인에 대한 기록들에서도 나타나는 것과 같이 상공업자
들은 황제의 권력과 함께 성장했으며, 그들은 전통적 사회적 신념
과 가치들을 그대로 받아들였다. 1840년대의 자료에 의하면 인민이
나 상공업자들이 사회적 부조리에 대하여 불만을 터트리면서도 그
것이 결코 황제의 잘못이 아니라 황제를 보좌하는 관리들의 탓이라
고 지적한 경우가 대부분이었다. 1833년 겨울궁전에서 니꼴라이 1
세와 회식을 했던 상공업자인 루브니코프(Ivan N. Rybnikov)가 남
긴 기록에 의하면, 그는 무역과 공업의 발전에서 정부의 역할을 중

65) Barbara Alpern Engel, "Russian Peasant Views of City life,
   1861-1914." *Slavic Review*, Vol.52, No.3, 1993, p.447.

요하게 요구하고 유럽국가들의 기업인과 경쟁하는데 있어서 계속해서 황제의 보호가 절대적으로 필요하다고 간청했다. 루브니코프의 기록 이외에도 상공업자들이 황제, 황제의 가족, 황제에 관한 그 어떤 것에 대하여 절대적 신뢰를 표명한 자료들이 많다.[66]

이러한 황제에 대한 숭배는 다른 측면에서 보면 상인들이 항상 황제와 권세가 높은 귀족들이 자신의 재산을 몰수하는 것을 두려워했다는 것을 의미하기도 한다.[67] 그리하여 러시아 상공업자들이 혁신적인 정치적 태도로 변화한다는 것은 결코 쉽지 않은 일이다. 또한 이러한 정치적 태도와는 직접적인 연관은 없는 것이지만, 19세기 러시아 상인들에 대한 일상적 환경을 비판적으로 설명한 글들이 꽤 있다. 즉 모스크바 도시의 상인층의 집들이 철문으로 굳게 닫혀 있고, 그 집들이 장기간의 포위전쟁을 피하기 위한 조그만 요새와 같았다라든가, 창문에는 항상 커텐이 처있고, 개방적인 왕래를 하기 보다는 외부세계에 대하여 항상 조심스럽게 대하는 분위기를 표출하고 있었다는 묘사는 상인들의 폐쇄적인 문화를 일면적으로 나타낸다고 볼 수 있다.[68] 이러한 폐쇄적인 경향은 가정생활에서도 보였다. 모스크바 상인은 단발로 둥글게 자른 농민의 복장 모습과 닮아 있었다. 19세기 중반까지 상인의 아내는 남편의 사업 장소에서 거의 일하지 않았다. 18세기에 이미 귀족들의 생활양식은 어느 정도 서구화되어 있었던 반면에, 상인들은 이직 서구적 생활양식에 익숙하지 않고 보수적인 성향을 보였다.[69]

---

66) T. C. Owen, op. cit., pp.15-16.

67) Richard Pipes, op. cit., p.200.

68) Valentine Bill, *The Forgotten Class: The Russian Bourgeoisie from the Earliest Beginnings to 1900*(New York: Yale Univ. Press, 1959), pp.137-46.

또한 상인층의 일부분은 실용교육과 인문교육이 결여되어 있었기 때문에, 옛날 사업방식이 쉽게 바뀌지 않았다. 전형적인 상인교육은 교회 슬라브어의 문자암기와 성서의 공부가 전부였다. 대부분의 상인은 읽고 쓰지 못했기 때문에 부기도 없이 복잡한 상거래의 숫자를 기억에 의존하는 경우도 있었다. 상거래에 대한 기록장부를 갖고 있었던 것은 일부 상층부의 상인들뿐이었다. 그것도 대부분은 고용하고 있었던 사무원에 의해서 쓰여진 것이었다. 그렇지만 그것은 유럽의 근대적인 부기와는 거리가 먼 것이었다. 예를 들면, 부활절에서 부활절까지를 회계기간으로 기록하고 어떤 경우에는 사업지출과 가계지출(家計支出)이 함께 기록되어 있었다.[70] 따라서 서구의 상인들과 다르게 19세기 이전의 대부분의 러시아 상인들은 여전히 전통적 가치관에 젖어서 근대화와 서구적 합리적 정신을 접할 기회가 쉽지 않았다.

그러므로 의식적 변화가 없는 산업가 계층은 사회구조의 변동에 대한 이해가 부족하고, 그리하여 19세기까지 러시아에서는 막강한 황제권력과 부유한 귀족층이 국가구조를 떠받치고 있고, 그들을 숭배하는 인민이라는 국가구조가 유지되고 있었다.

2) 종교윤리

베버는 자본주의 사회를 발전시킨 원형을 찾는 작업에서 종교윤리를 제시한 바 있다. 그는 유럽 자본주의 발전의 의식적 측면

69) Richard Pipes, op. cit., p.205.
70) T. C. Owen, op. cit., p.19.

을 설명하면서 16세기 종교개혁 과정에서 캘빈파가 박해를 받으면서 그들 가운데 상인(수공업자 포함)이 다수 배출되었다는 것과, 그 네덜란드 캘빈파의 상업적 정신이 네덜란드의 경제발전에서 중요한 전통을 만들었다고 주장했다.[71] 즉 베버는 기존 종교의 통제에서 벗어나려는 종교개혁에서 탄생된 분리파가 네덜란드의 부르주아로 성장한 측면을 설명한 것이다.

그래서 그는 자본주의 발전의 기원과 원인을 인간의 의식적 변화를 지지해 줄 종교윤리와 결부시켰다. 베버와 다른 방식으로 자본주의 정신을 설명한 슘페터는 기술혁신과 기업가 정신이 자본주의를 발전시킨 원동력이 되었다고 주장했다. 또 자본주의는 하나의 기원에서 나온 것이 아니고 경제, 정치, 사회, 문화 내지 문명이 제각기 자신의 몫을 했다는 견해도 물론 있다.[72]

그렇지만 베버가 말하고자 했던 것은 왜 세계 모든 나라가 동일하게 경제발전을 하는 것이 아니라, 어떤 지역에서 유별나게 경제발전이 이루어지게 되는지를 설명하는 것일 것이다.

이를테면 왕권통치가 당연하게 여겨지고 있는 시대에 제도권을 벗어나서 독자적으로 경제적 부를 추구하기 위한 신념이 필요하다. 그러한 점에서 전통적 종교윤리를 거부했던 캘빈파는 자신들의 종교적 신념에 기초해서 경제력을 추구했다는 베버의 명제는 어느 정도 설득력을 갖고 있다.

베버는 이러한 종교윤리와 더불어서 또 하나의 요소를 결합시

---

71) 막스 베버, 박종선 옮김, 『프로테스탄티즘의 윤리와 자본주의 정신』(서울: 고려원, 1996), pp.42-48.
72) 페르낭 브로델, 주경철 옮김, 『물질문명과 자본주의 II-2』(서울: 까치, 1996), p.567.

컸다. 즉 기득권을 가진 지배층에 대항하는 소수집단은 결국에 자의적이든지, 타의적이든지 정치적 권력으로부터 배척당하기 때문에, 영리생활의 방면으로 진출하는 경우가 많다는 것이다.

따라서 이와 같은 베버의 명제를 제정러시아에 적용시켜 보았을 때 그와 같은 외형적인 형태를 발견할 수는 있다.

러시아에서도 핍박받았던 소수민족이 있었고, 러시아의 국교이었던 정교회에 반대하는 이교도적 종교적 분파도 있었다. 더구나 러시아에서 이러한 분리파들의 공동체도 존재했다.73)

러시아 분리파는 서구의 종교개혁와 다르게 탄생되었다. 즉 서구에서는 기존의 종교적 관습등에 반대하는 개혁적 분파들이 탄생했다면, 러시아에서는 국가가 종교적 관습과 제도에 대한 개혁을 하는 것에 반대하면서 형성되었다.

분리파가 생겨난 것은 17세기 후반이었다. 1652년에 총주교의 자리에 오른 니꼰(Никон)이 종교적 교본들과 의식에서 그리스어 번역상의 오류들이 존재한다고 지적하고 그것을 수정해야 한다고 주장하자.74) 아바꿈을 비롯한 당시의 일부 종교지도자들은 니꼰의 주장에 반박을 가하며 니꼰이 반그리스도(antichrist)적인 행동을

---

73) Robert O. Crummey, "Interpreting the Fate of Old Believer Communities in the Eighteenth and Nineteenth Centuries", in (ed.) Stephen K. Batalden, *Seeking God*(DeKalb: Northern Illinois Univ. Press, 1993), p.144.

74) 러시아에서 수세기 동안 기도서들이 손으로 베껴 쓰여졌는데 이때 필경사들이 누락이나 부정확 또는 오류 등을 범하곤 했다. 그래서 조사를 한 결과 러시아의 교회서적들이 그리스 원본과 크게 다르다는 것이 판명되었다. 또한 러시아의 곳곳에서는 성직자들이 각기 다르게 예배의식을 거행하고 있었는데, 교회는 자신의 권위를 높이기 위해서 교회서적과 예배의식을 단일 형태로 통일시키고자 했다. C. H. 스이로프 저, 기연수 역, 『러시아의 역사』(서울: 東亞日報社, 1989), p.138.

하고 있다고 비난하기 시작하였다. 이 논쟁에서 황제를 비롯한 국가 종교기관은 니꼰을 지지했고, 새로운 개혁을 거부하는 자들을 탄합하기 시작했다. 그리고 이 반대파는 기존의 종교적 관습을 옹호한다고 해서 구교도라고 불린다.

이 구교도들은 정부의 탄압을 피해서 자신들이 살던 마을로부터 도주하기 시작했다.[75] 그들은 대체로 숲속지역으로 숨어들기도 했지만, 우크라이나, 폴란드, 볼가강, 돈강, 우랄, 서시베리아와 심지어 중국으로도 도주했다. 그들은 짜리즘의 보호를 받지 못했기 때문에 스스로 경제적 문제를 해결해야 했다. 나중에 정부는 그들에게 세금과 재정적 의무에 대해서 관대한 편이었다. 물론 그것은 그들의 은둔지가 황제의 군대가 손을 뻗힐 수 없는 오지였기 때문이기도 했다.[76]

그런데 점차적으로 러시아의 구교도는 두 개의 파로 분리되었다. 즉 사제조직을 인정하는 교파(有僧派; popovtsy, priestly)는 사제조직과 教區를 재건하는 방법을 모색하면서 동방정교(Eastern Orthodoxy)의 儀式을 준수하려고 했다. 그러나 사제조직 조차 필요 없다고 주장하는 교파(無僧派; bespopovtsy, priestless)는 평신

---

75) 구교도의 일부는 유형지에서 모스크바로 돌아오기도 했다. 그리하여 다시 니꼰의 추종자들에 대한 구교도들의 투쟁은 더욱 강화되었다. 그러나 1667년 종교회의는 모든 개혁 반대자들을 파문시켰다. 전국 방방곡곡에서 옛 의식의 옹호자들은 이단자로서 장작불에 화형을 당했다. 사제장 아바꿈은 지하감옥에 갇혀 있다가 1681년 화형을 당했다. 구교도들은 자신들의 사원을 가질 가능성도 박탈당한 채 외곽 지역의 숲 속으로 도주해서 그곳에서 무리를 지어 살았다. Ibid., p.139.

76) W. l. Blackwell, "The Old Believers and the Rise of Private Industrial Enterprise in Early Nineteenth-Century Moscow", in (ed.) W. l. Blackwell, op. cit., p.141.

도들이 스스로 거행하는 숭배 방법과 성찬의식을 통해서 진정한 正敎 기독교를 지킬 수 있다고 주장했다.[77]

그런데 사제가 없는 교파(無僧派) 가운데 테오도시(노브고로드 사제 Theodosii Vasil'ev의 이름, 1711년 감옥에서 사망)라는 교파가 새로 생겨났는데, 그들은 18세기 구교도의 주요파벌 중에서 가장 청교도적이었다. 그들은 국가에 적대적이었고, 사유재산, 결혼, 다른 교파와의 접촉을 금지했으며, 사제, 교회계서제, 담배, 술, 커피, 차, 감자, 서구적인 복장, 수염 면도등을 금지하고 있었다. 이러한 테오도시파들이 1711년 모스크바 근교에 '프레오브라젠스크 공동체(Preobrazhensk cemeteries or Преображенское кладбище)'를 세우고 구교도의 공동체 중에서 가장 부유하고 중요한 공동체로 발전시켜 나갔다. 공동체는 근면한 노동을 강조하고 가족상속의 금지를 규정하고 있었다. 공동자산의 개념과 가족상속의 금지로 공동체의 자산이 늘어갔고, 금고에 많은 자본이 축적되어 갔다. 거의 같은 시기에 사제가 있는 교파(有僧派)도 모스크바 인근지역에 로고쥐스크 공동체(Рогожское 'кладбище')를 세웠다.[78]

이 프레오브라젠스크 공동체와 로고쥐스크 공동체는 초기에 전국에 퍼져있던 구교도들의 중심적 역할을 맡으면서 성물(聖物),

---

77) Robert O. Crummey, "Old Belief as Popular Religion: New Approaches", *Slavic Review*, Vol.52, No.4, 1993, p.704.

78) 'Кладбище'라는 용어는 공동묘지라는 뜻이다. 분리파교도들이 모스크바 근교에 있었던 분리파교도 공동묘지로 찾아와서 근처에 거주하기 시작하면서 그것이 공동체로 발전해 갔다. W. l. Blackwell, "The Old Believers and the Rise of Private Industrial Enterprise in Early Nineteenth-Century Moscow", in (ed.) W. l. Blackwell, *Russian Economic Development from Peter the Great to Stalin*(New York: New Viewpoints, 1974), p.140.

종교 예술품, 이콘, 십자가, 성서의 희귀본, 촛대와 같은 것을 판매하면서 재산을 축적하기 시작했다. 특히 초는 공동체수입의 중요한 원천이었다. 구교도들은 프레오브라젠스크에서 생산되는 초만을 사용해야 했다. 그 이외에 공동 목욕탕을 운영했고, 전국에서 들어오는 분리파교도의 선물과 헌금도 공동체의 주요 자금이었다. 공동체는 이 자금을 사업체의 자금으로 사용하였다.[79]

공동체의 사업내용은 서서히 자본주의적인 방식으로 발전하게 되었다. 공동체의 화폐자본이 기업가에게 융자되었는데 그것은 사업규모를 확대시킬 수 있는 절대적으로 중요한 계기를 마련해 주었다. 융자조건이 거의 무이자에 가까운 것이어서 사업가들은 큰 부담없이 사업을 확장할 수 있었던 것이다. 1847년 어떤 보고서에 의하면, 모스크바 테오도시파로부터 50만 루블이 융자되면서 첫 3년간은 무이자로 그 이후는 4% 이율의 이자를 지불하는 조건으로 대부되었다. 그런데 그와 같은 좋은 조건으로 공동체의 자금을 사용하려는 자는 분리파교로 개종해야 했다. 그리고 그가 죽을 때는 모든 재산을 공동체로 귀속시켜야 하고 가족 유산상속이 금지되었다. 그리하여 경제적으로 성공한 개인의 자금이 공동체로부터 이탈하는 것을 막을 수 있게 되고 공동체의 자본은 증대될 수 있었다. 관리인은 막대한 자본의 대부분을 그들이 적당하다고 생각하는 사람에게 집중적으로 대여하기도 해서 공동체에 속해 있던 사업가 중에는 백만장자인 기업가도 등장했다. 그리고레프(Grigorev)와 구치코프(Guchkov)가 그 대표적인 인물이었다.[80]

이와 같은 막대한 금고를 갖고 있는 공동체로 많은 사람들이

---

79) Ibid., p.145.
80) Ibid., p.146.

몰리는 것과 동시에 노동자들도 대거 유입되었다. 1846년 경찰의 보고에 의하면, 어떤 마을의 주민들 대부분이 공식정교도였는데, 쁘레오브라젠스크 공동체의 선교사가 그곳을 방문해서 남자들을 공장으로 데려갔고, 그 후 그들은 분리파교도가 되어 공동체에서 일을 하고 있었다는 것이다. 농노제로부터 벗어날 수 없었던 농민과 시골의 많은 여자들은 여름 임시고용으로 테오도시파가 운영하는 기업체로 몰려왔다. 그들 중 대부분은 다시 마을로 돌아가기도 했지만, 일부는 모스크바 근처 작업장에 숨은 채로, 도시 신분증을 얻게 될 때까지 은둔생활을 계속하기도 했다. 임신한 소녀들도 받아들여져서 그들의 아이는 공동체의 보호를 받고 그곳의 가르침에 의해 교육을 받았다. 죄를 짓고 도주한 탈주자도 테오도시파의 공장 프롤레타리아트의 무리 속에 숨을 수 있었다. 새로운 도시 신분증은 죽은 소시민(мещанство)의 신분증과 죽은 군인의 신분증으로 만들어지기도 했다. 또는 테오도시파의 노련한 기술자는 신분증 위조자가 되기도 했다. 경찰이 추적해 오면 위조자는 다른 구역으로 옮겨가거나 필요하면 멀리 폴란드까지 도주했다.[81]

공동체의 고용주나 노동자들은 종교적인 유대관계로 굳게 연대되어 있기도 했다. 특히 공동체로부터 자금을 빌려 쓴 사업가는 공동체의 귀속의식이 더욱 단단했다. 그들은 국가탄압이라는 공통된 피해의식으로 강화된 상호신뢰와 연대감을 갖고 기업을 더욱 발전시켜 나갔다.[82] 구치코프 공장은 1840년에 약 천명 이상의 노동자를 고용하고 있었고, 알렉세에프(Alekseev) 공장은 645명을 고용했고, 100명 이상의 노동자를 고용한 곳도 여러 곳이었다.[83]

---

81) Ibid., p.147.
82) Ibid., pp.148-149.

그런데 그들이 모스크바 인근지역에서 당시로서는 큰 기업을 운영할 수 있었던 것은 국가가 어느 정도 그들에 대하여 관용을 베풀었기 때문에 가능했다. 에까쩨리나 2세(1762-1795)와 알렉산드르 1세(1801-1825)의 통치시기에 구교도는 비교적 관용적인 대접을 받았다.[84] 그러나 니꼴라이 1세(1825-1855) 시대에 구교도와 국가관계는 악화되었다.[85] 첫 탄압대상은 이르기즈(Irgiz)공동체였다. 그 지방 주지사였던 골리찐(A. B. Golitsyn)은 구교도들에게 공식교회의 권위를 강요하면서 '一信仰'(единоверие)이라는 일종의 정교회로 개종하도록 강력하게 요구했다. '일신앙'은 에까쩨리나 2세 시대에 구교도를 공식교회로 통합시키기 위해서 만들어졌다. 이 '일신앙'은 러시아 정교의 성직자 조직을 인정하지만 구교도의 독특한 의식은 자유롭게 허용되었다. 그런데 시간이 흐름에 따라 일신앙자(единоверец)들의 일부는 자신들의 의식을 숭배하는 것을 중단하고 평범해지기도 했다. 또 다른 일부는 자신들이 공식정교신자도 아니고 구교도도 아닌 이상한 상태가 되기도 했다.[86]

그리하여 19세기 중반부터 국가는 구교도의 세력확장을 우려하

---

83) Ibid., p.151.

84) Robert O. Crummey, "Interpreting the Fate of Old Believer Communities in the Eighteenth and Nineteenth Centuries." in (ed.) Stephen K. Batalden, *Seeking God*(DeKalb: Northern Illinois Univ. Press, 1993), p.148.

85) Gregory 1. Freeze, "The Church and Its Urban Mission in Post-Reform Russia", in (ed.) Edith W. Clowes, Samuel D. Kassow, and James 1. West, *Between Tsar and People*(Princeton: Princeton Univ. Press, 1991), pp.215-232.

86) В. Е. Макаровь, *Очеркъ Истории старообряд чества*(Москва: Большая Садовая, 1911), с.65.

고 탄압하기 시작했다. 1854년에 구교도는 제1길드와 제2길드에 등록할 수 없는 법령이 선포되었다. 이 법은 1863년에 폐지되었으나 구교도의 경제활동에 대한 국가의 탄압은 계속되었다. 구교도의 대표적인 교구이었던 '프레오브라젠스크 교구'와 '로고쥐스크 교구'의 교회건물을 정부가 압수하기도 하고, 일부 교회들은 폐쇄되었고 지도자들을 체포했다. 이와 같은 강력한 국가의 개입에 대하여 구교도의 대항도 점차적으로 약화되어 갔다.[87]

그래서 구교도 가운데 개종한 신자들도 늘어갔다. 1854년에 성공한 구교도 중의 한 사람이었던 구치코프(Guchkov) 형제는 스스로 일신앙('一信仰)으로 개종하고, 그 해에 프레오브라젠스크 교구 내에 있던 '일신앙' 교회건립에 헌금을 하고 국가에 대한 충성을 서약했다. 그리고 그는 1858-59년에 모스크바 시장을 했다.[88]

결국 구교도는 점차적으로 와해되어 갔고, 17세기부터 시작된 종교적 분파의 '캘빈파'적인 경제발달사는 19세기 중반에 서서히 막을 내렸다. 그 이유는 다양하지만, 우선 구교도의 내적윤리가 사적소유를 인정하지 않았다는 점도 자본주의의 발전을 지속시키지 못하게 한 요인이 되었다. 특히 재산상속의 금지, 가족관계의 거부 등은 경제활동의 인센티브를 저해했다. 더구나 공동체 생활은 과도하게 통제되어 있었다. 예를 들면 테오도시파 공동체에서 '두 개의 거대한 요새'와 같은 건물에 노약자 보호소, 병원, 상점, 공동취사장, 가축우리가 들어서 있고, 여자와 남자는 각각의 기숙사에서 거주했다는 등의 생활양식에 관한 기록들이 있는데,[89] 이러한

---

87) Ibid., p.153.
88) Ibid., p.202.
89) W. l. Blackwell, op. cit., p.150.

공동체 생활을 강조하는 러시아정교회의 신앙적 특성이 유럽의 종교개혁파와 차이를 보인다.

따라서 경제적 성공을 거둔 일부 신자들은 사적소유권을 보장받기 위하여 공동체를 이탈하거나 국가적 회유책에 따라 제도권 사회에 편입되었다. 그리하여 일부 구교도는 국가적 탄압에 굴복하여 이탈하면서도 자신들의 수도원을 중심으로 그들의 신앙생활을 계속 유지하기도 했지만,[90] 19세기말에 구교도의 신자는 급격히 줄어들었다. 1852년의 정부보고서에 의하면 프레오브라젠스크 공동체의 정규거주자는 여자가 628명, 남자가 110명으로 줄어들었다. 그리고 1840년대와 1850년대의 구교도들은 점차적으로 축적된 자본을 공동체 세상 밖의 사업영역으로 확장하기 시작했을 뿐만 아니라, 자신들의 불안정한 사회적 신분을 포기하는 경우가 많아졌다.[91] 대표적인 경우가 구치코프 가문(家門)이다. 1세대인 구치코프(Fedor Alekseevich Guchkov)는 농노신분이었으나, 약 30년이 지나서 구치코프의 2세대에 이르러서는 많은 재산을 축적했지만, 제3세대인 구치코프의 손자는 구교도 공동체를 떠났다. 이와 같이 구교도의 출신들은 제한된 범위 내에서 경제적 공동체를 발전시켰을 뿐이고 그들의 활동이 사회적으로 확대되지는 않았던 듯 하다.

그리하여 러시아 구교도들의 경제·사회생활에 대한 연구를 통해서 볼 때, 분리파적 종교윤리와 반체제적 특성이라는 측면에서 유럽의 종교개혁파와 유사점을 갖고 있었으나, 결국 구교도의 뿌리가 정교회에 있었고, 서양의 개혁적 기독교와는 근본적으로 차

---

90) Robert O. Curmmey, op. cit., p.148.
91) W. l. Blackwell, op. cit., p.154.

이점을 갖고 있었다.

그러므로 러시아 인민주의자(19세기 후반의 혁명세력의 분파)들이 주장했던 것처럼 러시아의 종교적 분리파들이 정교회의 권위에 대항한 것이 아니라, 교회에 대한 정치적인 압력을 반대했다면, 결국 19세기 중반까지 러시아에서 자본주의가 발전할 수 있는 종교윤리로서는 한계점을 갖고 있었다고 볼 수 있다.

그러므로 러시아에서 자본주의적 윤리가 자발적으로 발전하기 위한 토대는 매우 허약했다.

Ⅲ. 산업부르주아의 보수적 정치의식의 형성

러시아에서 부르주아 혁명이 실패한 이유에 대하여 몇 가지의 분석들이 존재한다. 즉 러시아에서 부르주아 세력이 미약했다는 것과 부르주아 내부의 분열 등이 그 원인으로 분석되고 있다. 그러나 본 글은 다른 이유를 설명하고자 한다. 즉 러시아 부르주아는 보수적 성향이 강하고 그것으로 인해서 전제주의 정부에 대하여 반기를 드는 20세기 초의 혁명운동에 동참할 수 없었고, 황제의 권력이 종말을 고했던 1917년 2월혁명 기간에서도 주요한 역할을 하지 못했다.

1. 서구(西歐)와의 전쟁과 슬라브주의

1) 슬라브주의자와의 연대

1855년의 크림전쟁에서 러시아는 패배했다.[92] 그 패배는 러시아

---

92) 크림전쟁이란 발칸반도의 지배권을 둘러싸고 영국, 프랑스, 사르데니아, 오스만 터키 4개국으로 구성된 연합군과 러시아의 전쟁을 말한다. 크림반도와 흑해가 주요 전쟁지였기 때문에 그렇게 불리우지만 전쟁은 도나우강, 발트해, 카프카즈지방, 그리고 극동의 캄챠트카 반도까지 확산되었다. 전쟁의 배경이 된 것은 터키의 세력이 약해진 틈을 이용하여 지중해로 진출하고자 했던 러시아 짜리정부와 발칸반도와 지중해에서 러시아의 영향력이 강화되는 것을 원하지 않았던 서

사회에 적지 않은 충격을 주었다. 특히 슬라브주의자들에게 낭패감을 안겨주었다. 왜냐하면 슬라브주의자들은 러시아 문화의 우월성을 주장해 왔는데 그것이 현실적으로 입증되지 않았기 때문이었다. 슬라브주의자들은 서구문명과 러시아 문명 사이에는 근본적인 차이가 있다고 주장해 왔다. 그들의 견해에 따르면, 러시아 문화는 인간에 대한 사랑과 자비, 정신적 측면을 추구하는 것이지만 서구 문화는 합리성과 개인주의적 사상을 강조하여 인간 간의 유대감을 해체시키고 있다는 것이었다. 따라서 러시아 슬라브주의자들은 서구 근대문명이 인류의 궁극적인 문명이 아니며 전 인류가 그것을 좇아가야 할 이유가 없다고 주장했다. 오히려 역사법칙의 필연에 의하여 슬라브 문명이 몰락하는 서구문명을 상속받게 될 것이라는 점이 강조되었다.[93] 그런데 그러한 문명을 간직한 러시아가 서구

유럽의 열강들 특히 영국과 프랑스의 외교정책의 충돌이었다. 전쟁의 직접적인 발단이 된 것은 프랑스 황제인 나폴레옹 3세가 국내의 가톨릭 세력의 환심을 사기 위해서, 성지 예루살렘에 있어서 가톨릭 교도의 특권을 터키(당시의 국가명은 투르크)에 인정시키는 것이었다. 터키 영내에 있는 그리스 정교도의 보호자를 자임하고 있었던 러시아황제 니꼴라이 1세는 그리이스 정교도의 권리가 축소되는 것을 회복시켜 줄 것을 터키 술탄에 요구했으나 거절당했다. 그것에 분개한 니꼴라이가 1853년 7월 술탄의 종주권(宗主權)에 속해 있으면서 자치를 인정받고 있던 몰다비아, 왈라키에 군대를 보내자 터키도 영국, 프랑스의 지원을 받고 같은 해 10월에 러시아에 선전포고했다. 전쟁 초기에 러시아 군이 대승리를 거두었다. 그러나 터키가 굴복하는 것을 두려워 한 영국과 프랑스가 함대를 흑해로 보내면서 전세는 역전되었다. 흑해연안의 러시아 최대의 요새 세바스토폴리가 55년 8월말 거의 일년 동안의 영웅적인 방어전을 펼쳤으나 결국 전쟁에서 패배하고 말았다. 『ロシア・ソ連を知る事典』(東京: 平凡社, 1989), p.166.

93) Nicolai Danilevsky, *Russia and Europe: an Inquiry into the Cultural and Political Relations of the Slav World and of the Germano-latin World*, 1869.

열강과의 싸움에서 패배했다는 것에 대하여 슬라브주의자들은 낙담할 수밖에 없었다. 예를 들어 슬라브주의자이었던 S. T. 악사코프는 그의 아들 이반 악사코프(Ivan Aksakov)에게 다음과 같이 말했다.[94] "전쟁의 패배로 암담해졌고, 그것은 나의 영혼에 전에 없던 중압감을 안겨주었다. 왜냐하면 우리가 해결점을 찾을 수 없다는 이유 때문이 아니고, 그것이 우리의 근본을 뒤흔들어 놓았기 때문이다."[95]

슬라브주의는 1840년대에 모스크바 대학생 토론회에서 18세기 표트르 대제가 추진했던 서구화가 러시아의 고유의 문화를 파괴시켰다고 비판하면서 시작되었다고 하고 그 핵심적 논리는 러시아의 전통적 공동체에 기초해서 러시아의 독자적인 발전의 길을 가자는 것이다. 그 후에 슬라브주의는 세계사에서 러시아의 역할과 독자성 등을 강조하는 것을 의미할 때 상징적인 표제어로 사용되고 있다. 그리고 반대로 서양과 같은 역사적 발전방식을 지지하는 것을 의미할 때는 서구주의(서구파)라고 지칭되었다.

이러한 서구파와 슬라브파가 19세기 중반부터 공존하면서, 러시아사회의 보수적이고 국수주의적인 민족주의는 자유주의와 대립적인 위치에 머물게 되었다.

특히 1855년 크림전쟁의 패배 이후에, 알렉산드르 2세(Alexander Ⅱ; 1855-1881 재위)가 농노해방령을 비롯한 적극적인 개혁을 추진하고, 사회적으로는 문학과 언론에 대한 검열을 완화하는 소위 '해

---

94) S. T. 악사코프는 1840년대의 슬라브주의자로 유명한 콘스탄친 악사코프와 1860년대 범슬라브주의 운동의 대표자인 이반 악사코프의 아버지이다.

95) John Shelton Curtiss, *Russia's Crimean War*(Durhan: Duke Univ. Press, 1979), p.552

빙'이 시작되면서, 슬라브주의는 일조의 정치·사회사상운동인 범슬라브주의로 발전하게 되었다.[96] 범슬라브주의는 러시아 이외의 국가에 거주하는 모든 슬라브 민족의 유대와 통일을 목표로 하고 슬라브 민족의 연방제를 세우자고 주장하기도 했다[97]

1869년에 발표된 니꼴라이 다닐레프스키(Nicolai Danilevsky; 1822-1885)의 『러시아와 유럽, 슬라브 세계와 독일 - 라틴 세계의 문화적 정치적 관계의 고찰』은 슬라브주의 사상을 더욱 확대 심화시켰다. 그는 러시아의 슬라브 문명이 새로운 역사적 문명으로 지금 부상하고 있다고 강조함으로써 크림전쟁에서 받은 상처를 잊고 다시 슬라브 민족이 재기할 것을 촉구했다. 그의 견해에 따르면 서구문명은 다시 부흥하게 될 슬라브 문명과 대립되게 되고 두 세계는 불가피하게 충돌하게 될 것이다. 그러나 러시아는 그 싸움에서 승리해서 전 유럽을 통합하는 역할을 맡게 될 것이라고 주장했다.[98]

이러한 국수적 민족주의 운동은 서구와 러시아의 대립이라는 구조를 만들어냈다. 그리하여 대중들은 물론이고 상인단체들은 자유주의 운동을 비롯해서 자유무역을 주장하는 서구를 경계하게

---

96) Andrzej Walicki, *A History of Russian Thought*(Oxford: Clarendon Press, 1980), p.139.

97) 범슬라브주의는 특히 오스트리아, 터키의 지배를 받고 있는 슬라브 민족을 해방하여 그것을 연방제로 통합하겠다는 것과, 러시아 제국을 중심으로 모든 슬라브 민족을 통합시키려는 제국주의의 이데올로기로 발현되었다. 결국 1908년 우크라이나, 체코 등에서 슬라브 민족회의가 열리고 네오슬라브주의가 제창되기도 했고, 폴란드에서는 일부 러시아의 정교회에 반대는 했으나, 슬라브 민족의 연방제원칙은 인정되었다. http://krdic.naver.com.

98) 한스콘, op. cit., p.67.

되었다.

그리하여 크림전쟁이 시작되고 1855년 가을 세바스토폴리가 함락될 때까지 모스크바 상인협회(商人協會)는 약 92만5천 루블이라는 막대한 자금을 국가에 기부하기도 했다.[99]

그러한 상인단체의 행동은 경제적 이해관계를 고려한 것이기도 했다. 러시아 상공업자들은 크림전쟁 이전부터 자유주의 무역을 주장하는 서구를 경계하고 있었다. 그런데 크림전쟁기간 동안 영국과 프랑스에 의한 발칸반도의 봉쇄가 러시아의 해외무역에 막대한 피해를 주고 러시아의 교역업자들은 프러시아를 통한 육로에 의존해야 했다.[100] 이와 같은 경제적 손실에 대하여 불만을 갖고 있었던 상공업자들은 자유주의 사상 보다는 민족주의적 경향에 동조하거나 지지를 표명하게 되었다.

상인들은 슬라브주의자들이 운영하는 잡지에 서구의 경제적 위협 및 자유주의 무역에 대한 자신들의 반대 입장을 게재하기도 하고, 슬라브주의자들에게 자금을 제공하기도 했다.[101] 1859년의 치안경찰부의 서류에, 모스크바 상인인 코코레프(vasili A. Kokorev), 마몬토프(Sava I. Mamontov), 보드카 제조업자인 오시포프(P. V. Osipov) 및 면공업 경영자인 솔다쩬코프(Kozma T. Soldatenkov)는 슬라브주의자인 코쉴레프(Aleksandr I. Koshelev)가 편집을 맡

---

99) Martin McCauley & Peter Waldron, *The Emergence of the Modern Russian State, 1855-81*(london: Macmillan, 1988), p.38.

100) 菊地昌典 著, 『ロシア農奴解放の研究』(東京: 御茶の水 書房, 1964), p.203.

101) 1840년대의 슬라브주의자들은 스스로의 잡지를 갖고 있지 못했으나, 그 이후 시기의 슬라브주의자들은 스스로의 잡지를 발간하게 되고 政治問題에도 적극적으로 참여하게 된다. Andrzej Walicki, op. cit., p.142.

고 있던 두개의 잡지 '러시아 담화(Русская Беседа)', '농촌의 정비(Сельское Благоустройство)'와 깊은 관련이 있다고 기록되어 있다.[102] 특히 코코레프는 슬라브주의자들에 자금을 정기적으로 제공했고, 그는 많은 젊은 상인들로부터 지지를 받고 있었기 때문에 그의 행동은 상인계층에 많은 영향을 끼쳤다. 그리고 슬라브주의자는 젊은 상인들을 포섭해서 지원을 받고자 노력했다.[103]

또한 1857년에 섬유업자들이 원료, 반제품, 완제품을 불분하고 모든 수입제품에 대한 관세를 인상해 줄 것을 요구하는 사건이 발생했을, 슬라브주의자도 러시아 사회가 전체적으로 서구의 사상에 위협받고 있고, 합리주의와 자유주의가 소위 서유럽 역사의 오점, 즉 계급투쟁과 혁명적 폭력으로부터 러시아를 지켜온 사랑과 충성의 정신을 서서히 침식하게 될 것이라고 역설함으로써 상인들의 입장에 대하여 지지를 표명했다. 이와 같은 슬라브주의자들 가운데는 사회적 엘리트층이 많았기 때문에 이러한 지지표명은 중요한 의미가 있었다.[104]

러시아의 민족주의적인 애국심은 1863년의 폴란드 봉기로 더욱 고취되었다.[105] 이반 악사코프(Ivan Aksakov)는 폴란드 귀족계급

---

102) Michael B. Petrovich, *The Emergence of Russian Panslavism, 1856-1870*(New York, New York Univ. Press, 1956), pp.114-15. 잡지 간행에 대한 상인들의 자금 출자는 오래가지 못했다. 아마도 상인들은 그 잡지가 순전히 문학적이고 이론적인 내용에 치중하게 되는 것을 좋아하지 않게 되었기 때문이었을 것이다. 그래서 '러시아 담화'가 자금부족으로 폐간되게 되자, 이반 악사코프가 상인들로부터 2만 루블의 기금을 모아서 그 잡지를 구하려고 했으나 결국 실패했다.

103) 코코레프는 농노해방을 단행한 짜리를 숭배한 슬라브주의자였다. Ibid., p.112.

104) Martin McCauley & Peter Waldron, op. cit., p.140.

이 주도하는 해방운동은 바로 '라틴주의'의 생성을 의미하는 것이고 그것은 슬라브적 요소와 대립되는 것이라고 주장했다. 그리하여 그는 1863년의 폴란드 해방운동에 반대하고 그것을 지지하는 자유주의에 공격을 가했다.[106] 이 시기에 슬라브주의자들은 자유주의자들이 러시아에 도입하고자 했던 서구적 제도, 특히 서로 대립하는 이해관계자와 당파(黨派) 사이의 경쟁원리에 기초해서 만들어 지는 의회민주주의가 바로 서구문명을 대변하는 것으로 간주하기도 했다.

상인들이 서구주의자들보다 슬라브주의자들과 친밀한 관계를 유지하고 있었기 때문에 슬라브주의 사상은 상인계층에 적지 않은 영향을 끼쳤다. 그리하여 19세기 중반까지도 서구적 제도라든가 서구정치에 대한 상인들의 이해수준은 낮은 편이었다. 예를 들어 젬스트보 및 두마와 같은 지방자치를 위한 기관에서 상인들의 활동은 주로 경제적인 문제에 관심이 집중될 뿐 제도와 사상의 도입에는 적극적이지 않았다.

---

105) 19세기 중엽의 제정 러시아에 대한 마지막 폴란드 귀족 반란을 말한다. 폴란드는 1848년부터 크림전쟁을 거쳐 1863년 1월 봉기까지 집요하게 민족해방 운동을 계속해 왔었다. 폴란드의 요구는 1772년의 제2차 폴란드 분할 이전의 국경선의 회복이었다. 그러나 러시아의 입장은 그 지역에 살고 있는 민족이 러시아의 형제민족이기 때문에 러시아 제국의 테두리에서 존재해야 한다는 것이었다. 이 사건을 계기로 러시아 사회에서 大러시아 민족주의가 앙양되었고 러시아 민족에 대한 문제가 사회여론의 초점이 되었다. 단지 러시아 국내에서 급진주의자들만이 폴란드의 봉기를 지지했다. 『ロシア・ソ連を知る事典』(東京: 平凡社, 1989), p.552.

106) Andrzej Walicki, op. cit., p.114.

2) 젬스트보에서의 지주와의 대립

자유주의자들은 자치(自治)야말로 절대 권력을 제한하고 자유민주 사회를 형성하는 중요한 지렛대라고 생각했다.[107] 그리하여 서구주의자는 젬스트보가 서구적인 의회제도로 발전할 수 있는 가능성을 내포하고 있다고 생각했다. 그들은 영국의 의회주의를 모델로 하여 러시아에서 젬스트보를 발전시켜 의회민주정치를 실현시킬 수 있는 기회로 활용하고자 했다.[108]

젬스트보는 1861년에 국가가 농노해방령을 발표한 이후에 지방의 행정과 생활 여건이 열악한 농촌지역을 근대화하려는 의도로 1864년 1월 1일부터 시행된 지방자치제도를 말한다. 이 제도는 1917년의 10월 혁명까지 존속했다. 젬스트보는 도(губерния)와 군(уезд) 단위로 운영되었고, 그 조직과 활동은 군(郡)에서는 도지사(道知事)의 통제를 받고, 도(道)에서는 내무장관의 허가를 받게 되어 있었으나, 점차적으로 젬스트보가 모든 제한의 철폐를 요구하면서 중앙정부 사이에 갈등과 대립이 발생했다. 그러한 배경에서 1870년대 말 이후, 젬스트보는 헌법과 의회제를 요구하는 급진적인 자유주의 운동의 거점이 되었고, 그것에 대해서 정부 측도 제한을 강화했다. 젬스트보의 자유주의 운동은 혁명적 운동과는 구별되고 그래서 젬스트보의 활동을 '반혁명적'이라고 평가되기도 했다.[109]

---

107) Max Weber, (ed.), Gordon C. Wells and Peter Baehr, *The Russian Revolutions*(Cambridge: Polity Press, 1995), pp.3-6.

108) Teodor Shanin, *Russia as a 'Developing Society'*(london: Macmillan, 1985), p.4.

그러나 러시아 정부는 젬스트보가 서유럽의 사상과 이데올로기를 전파시키고 서구적 정치개혁의 온상이 되는 것을 막고자 했다. 그리하여 1870년에 정부는 젬스트보 선거법을 개정했다. 그 개정법은 자유주의적 성향을 가진 지주 및 전문직 종사자들이 젬스트보로 진출하는 것을 억제하고자 했다. 개정법에 의해서 상인의 선거권이 이전 보다 강화되었다.110)

1870년 이전에는 젬스트보 의원을 선출하는 선거인단은 납세액을 기준으로 구성되었다. 선거인단은 세 가지로 구분되어 있었다. 어떠한 사회신분을 갖고 있더라도 최저 1만5천 루블의 거래액을 갖는 상공업 기업을 소유한 사람이라면 제1선거인단에 속해서 선거할 자격을 받았다. 지주와 성직자는 제1선거인단에 자동으로 포함되었다. 제2선거인단은 상인과 소시민만으로 구성되었는데 6천 루블의 상공업 자산을 소유하고 있는 사람과 최저 5백에서 3천 루블 정도의 부동산(도시의 크기에 따라 다르다)을 소유한 사람이었다. 제3선거인단은 주로 농민으로 구성되었다. 그런데 이렇게 구성된 선거인단이 균등하게 각각 의원의 1/3을 선출하게 되어 있는 것은 아니었다. 법률에 의해 선거인단이 소유하고 있는 토지의 실제 평가액에 기초한 복잡한 비례대표제도가 만들어져 있었다. 그리하여 1865년의 24개의 道 젬스트보 의원의 78.1%가 지주계급에서 선출되었고, 농민층으로부터 5.8%, 성직자로부터는 12.2%였다. 젬스트보에 선출된 지주들은 지방의 문제를 해결하고 자신들의 입지를

---

109) 『ロシア・ソ連を知る事典』(東京, 平凡社, 1989), pp.315-316.

110) С. Я. Тейтлин, "Земское самоуправление и рефолма 1890 г. (1865-1890)", *История России в XIX века*, 9 том (Петербург: Наука, 1907-11), с.84.

강화하기 위하여 자유주의적 경향을 보이고 있었다.[111]

그러나 1870년에 개정된 법은 부동산 소유자 및 상업 및 제조업의 영업증명서를 갖고 있는 사람에게만 투표권을 주었다. 그리하여 영업증명서를 가지고 있지 않은 모스크바의 주민은 선거권을 가질 수 없었다. 또한 투표를 할 수 있는 선거인단은 납세액에 따라 구별되었다. 즉, 25세 이상의 납세자들을 그들의 납세금액에 따라 금액이 큰 순서로 세 가지 선거인단으로 분류되었다. 제1선거인단에는 부유한 공업경영자와 소수의 지주들이 속해 있었다. 제2선거인단에는 대부분의 상인이 속해 있었고, 제3선거인단에는 다수의 소액납세자(대부분은 소시민)가 포함되었다. 각각의 선거인단은 의원(총 180명)의 1/3을 선출할 수 있었기 때문에 제1선거인단과 제2선거인단에 그 이름을 올린 상인이 의원의 2/3를 선출할 수 있었다.[112] 그리하여 상인계층이 대거 젬스트보에 진출할 수 있는 기반이 마련되었다.

그러나 젬스트보에 진출한 상인들은 자유주의적 성향을 가진 사람들과 대립적인 행동을 하곤 했다. 자유주의자들의 기대와 다르게 상인들은 정치개혁의 무대로서의 젬스트보를 인정하지 않았던 것 같다. 그리하여 지주출신들이 주로 농촌의 개혁 문제와 시민의 자유, 지방자치의 발전을 위한 문제점을 젬스트보에서 거론해도 상인들은 정치문제보다는 자신들의 경제적 이익에 관심이

---

111) T. C. Owen, *Capitalism and Politics in Russia*(Cambridge Univ. Press, 1981), pp.96-97.

112) Walter S. Hanchett, "Tsarist Statutory Regulation of Municipal Government in the Nineteenth Century", in Michael F. Hamm, (ed.) *The City in Russian History*(Chigago: lexington, 1976), pp.84-130.

집중되어 있었다. 간혹 일부의 상인들이 지주의 지도권에 도전한 경우가 있으나, 그것은 주로 공업이 발전한 지역에서 발생했다. 그러나 모스크바 지역의 젬스트보에서는 대체로 자유주의적 경향을 가진 지주들에 비해서 상공업자들이 선거에서 수적으로 우세했다. 그리하여 진보적인 경향을 가진 지주와 상공업자들이 대립했다고 해도 결과적으로는 상공업자의 승리로 끝나는 경우가 많았다.113)

이와 같이 대다수 상공업자들이 전제정치를 지지했다. 예를 들면 1902년 젬스트보의 회장 직을 맡고 있던 상공업자 쉬포프(D. N. Shipov)는 왕권정치는 존속되어야 하며 그러한 조건에서 모든 사회활동의 자유를 누릴 수 있다고 주장했다. 이와 같은 사실을 주목하면서 밀류코프(P. N. Miliukov)는 러시아의 자유주의 운동이 젬스트보에 기대를 걸고 있는 것은 시대착오적인 것이라고 주장했다. 또한 그는 쉬포프, 스타호비취, 호먀코프 등 소위 당대의 유명한 슬라브주의적 젬스트보 활동가들을 결코 자유주의 세력으로 간주할 수 없으며, 그들과 협력해서 입헌주의를 달성하려는 목적은 달성될 수 없다고 강조했다. 114)

도시를 제외한 대부분 지역에서는 당연히 상인계층보다는 지주층이 우세했다. 이 경우에는 젬스트보에서 다수파를 구성하는 지주계급들이 상인이 경영하는 기업에 대해서 고율의 세금을 부과하자 상공업 경영자들이 불만을 토로했다.115) 상인들의 이런 불만

---

113) T. C. Owen, op. cit., p.140.

114) 조호연, "19세기 말 20세기 초 제정 러시아의 젬스트보 확대논쟁의 의미", 『西洋史 硏究』, 서울대 西洋史 硏究會, 第18輯, 1995, p.159에서 재인용.

115) 1866년 11월 재무장관은 상인 기업에 대한 과세에 대해서 엄격한 제약을 두는 것을 법률로서 구체화했다. Teodor Shanin, op. cit., p.137.

에 대하여 정당성이 없다고 지적되기도 했다. 즉 1867년 이후 국민의 세금부담 총액에서 차지하는 지방세의 비율이 러시아의 경우 다른 유럽 국가에 비해 훨씬 낮았다는 것을 고려하면, 공장소유자의 불평은 한낱 핑계일 뿐 정치적 보수층의 특성을 보여주는 것으로 해석할 수 있다는 것이다.[116]

결국 러시아의 산업부르주아는 서구의 자유무역에 소극적이고, 자유주의적 정치제도의 도입 등을 지지하지 않으면서, 사상적으로도 자유주의적이기 보다는 보수적 성향을 갖고 있었다. 이러한 러시아의 부르주아 계층이 결국은 1905년 혁명에서도 무너져가는 전제정치를 지켜보면서도 어떤 적극적인 역할을 하지 못한 것은 역사적 필연과 같다.

2. 국가주도의 산업화와 외국자본의 침투

1) 외국자본 의존

국내산업이 충분하게 발달되지 않은 상태에서 1855년의 크림전쟁 이후 절박한 문제로 받아들여진 산업화를 추진할 수 있는 역할을 맡은 것은 국가였다. 특히 비쩨(C. Витe)가 1892년부터 1903년까지 재무부 장관으로 재직하면서 산업화가 러시아 국가의 최우선 정책목표가 되었다. 그리하여 그 후에 1890년대부터 러시아 경제성장률은 매년 평균 8%에 달했고 철도의 길이는 1892년에서

---

116) D. M. Wallace, op. cit., pp.39-40.

1902년까지 40%가 늘어났다. 시베리아 철도가 건설된 것도 이 시기였다. 1897년에는 금본위제도가 도입되었고, 간접세와 국가경제의 소득이 두 배로 증가했다.[117]

그런데 비쩨 장관의 산업화 정책은 민간부문 성장에 초점을 두지 않았다. 비쩨가 '새로운 시대'를 열겠다고 대대적으로 선전했지만 그것이 기존의 국가독점경제의 틀을 해체한 것은 아니었다. 비쩨 시대가 되어도 국가 주도의 경제성장모델은 계속되고 있었다. 특히 보드카와 같은 업종을 국가가 전매함으로써 총 국가수입의 약 25%를 충당하기도 했다.[118]

또한 해외차관과 해외투자가 러시아 산업화를 위한 중요한 자금원의 역할을 하면서, 1890년대에 산업화 비용으로 제정 러시아가 진 빚은 35억 루블에 달했는데 그중 25억 루블은 국채이고 10억 루블은 외채였다. 하지만 외채이든 국채이든 빚이기 때문에 궁극적인 해결책이 될 수는 없었다.[119]

한편으로 비쩨가 자유주의 무역정책으로 경제적 활로를 모색하기도 했다. 그 정책은 서구의 자본과 기술이 보다 자유롭게 러시아로 유입될 수 있도록 하기 위한 것이었기 때문에 국내의 경제발전에는 시간이 걸리는 정책이었다. 비쩨가 재무장관이 되기 한 해 전인 1891년만 해도 정부는 보호주의 무역정책을 유지하고 있었고, 소위 '멘젤레에프 관세(Mandeleev tariff)'에 의해 14개 정도의 수입품목을 제외한 모든 것에 관세가 부과되고 있었다. 그래서 1868년 외국제품에 대한 평균 관세가 수입가격의 13%정도였던 것이 1891년에

---

117) Teodor Shanin, op. cit., p.129.
118) Ibid., pp.126-127.
119) 조호연, op. cit., p.153.

는 33%까지 증가했다. 그것은 무역의 보호라기보다는 금지라고 평가될 정도였다.[120] 그런데 비쩨가 등장하면서 그러한 보호주의 관세정책이 철폐되어 가자 상공업자들은 불안을 느끼게 되었다.

영국의 경우에서 공업화는 부르주아에 의해서 주도되었기 때문에 부르주아는 국왕이나 지주귀족들에게 의존할 필요가 없었다. 또한 상업적 영농으로 넘어가는 단계에서 농민이 노동력을 제공하는 경제적인 성공을 거두었기 때문에 부르주아는 경제문제에서나 사회문제에서 지휘권을 계속 행사하기 위하여 정치권력에 호소할 필요가 없었다. 그러나 러시아의 부르주아는 그들의 경제적 생명력이 국가의 정책결정과 깊은 관련을 맺고 있었고 산업화의 정도가 훨씬 앞선 외국기업과 경쟁하기 위하여 국가의 도움을 필요로 했다. 그들이 정치권력에 대한 압력을 가한다는 것은 상상하기 어려웠다. 오히려 러시아 정부에 조언과 압력을 가할 수 있는 것은 외국자본가 쪽이 유리한 경우도 있었다. 러시아 정부에 차관을 제공한 외국은행들이 1905년 혁명 이후 짜리정부에게 의회제도가 창설될 수 있도록 협력하라는 압력을 가하기도 했다고 한다.[121]

종종 러시아 산업가들이 정부정책에 대해서 반기를 들기는 했지만 그것은 경제적 차원에 머무는 수준이었다. 수입관세 인하를 주장했던 듀센(V. P. Diushen)과 골쩨프(V. A. Gol'tsev)교수의 견해에 대항하여 언론에 자신들의 입장을 발표했다. 상인들은 듀센 교수가 고율의 수입관세는 수입을 저해하고 그것이 국내시장에서 독점가격과 기술정체를 초래한다고 경고했지만, 그것은 다른 측면

120) Teodor Shanin, op. cit., p.127.
121) Alan Kimball & Gary Ulmen, "Weber on Russia", *Telos*, No.88, Summer, 1991, p.191.

을 보지 못한 견해라고 반박했다. 즉 수입관세를 부과해서 국내 상품가격이 높아지면, 국내에서 경쟁심리를 유발하고 생산이 증대 되고, 그 결과 적정수준으로 가격이 하락하게 되므로 독점은 성립 되지 않는다는 것이었다. 또 현재 러시아에서 고율관세가 철폐되 면 미국, 이집트, 오스트리아로부터 외국상품이 러시아 국내로 대 거 수입되어, 국내에서 생산되는 면화 및 양모가 생산에 투입되지 못하고 결국 러시아의 생산기반은 약화되고 말 것이라는 것이다. 따라서 러시아 경제가 궤도에 오를 때까지 보호주의 정책은 존속 되어야 하며, 관세는 계속 부과되어야 한다고 상인들은 주장했다. 그러나 그들의 주장은 정부에게 받아들여지지 않았다.[122]

비쩨는 계속해서 자유주의 정책을 추진했고 그 후 러시아 산업부 문에서 외국자본의 투자는 꾸준히 증가했다. 제조업, 광업, 은행에 서 외국자본은 1890년-1900년 동안 1/4 수준이었으나, 1900-1913 년 동안은 1/2 이상을 차지했다. 전체 자본투자에서 외국자본이 차 지하는 비율은 약 1890년부터 1913년까지 거의 23년 동안 25%에서 41%로 증가했다.[123] 구체적으로 보면 외국자본은 전체자본투자에 서 1880년에 17%, 1890년에 26%, 1900년에 45%로 증가하다가 제1 차 세계대전 기간동안 다소 감소하여 1916년은 38%였다.[124] 외국 자본의 유입의 증대를 표로 나타내 보면 다음과 같다.

---

122) 자유주의자인 골쩨프는 소매가격을 내리기 위해서 관세인하를 실시 해서 노동자의 생활 조건을 향상시키고 정치적 안정도 찾을 수 있 다고 주장했다. Борис П. Балюев, Политиче ская Реакция 80-х год ов века и Русская Журналистика(Москва: Академия наук СССР, 1971), c.184.

123) Ibid., p.115.

124) Ibid., p.116.

〈표 3〉 전체 자본투자에서 외국자본이 차지하는 비율 : 제조업과 은행

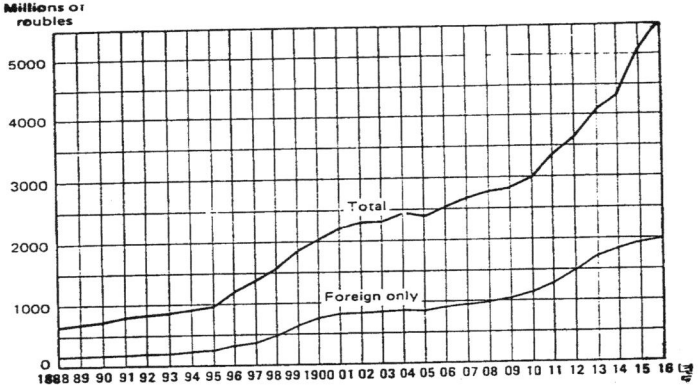

출처: I. Eventev, Inostrennye Kapitaly v Russkoi promyshlennosti, p.121.

국가는 경제발전에 필요한 자금을 해외로부터 도입하였다. 예를 들면 철도건설에서도 외국기업을 끌어들였다. 그래서 철도회사의 상당한 주식을 외국기업이 소유하고 있었기 때문에 철도사업의 이익배당을 받지 못한 러시아 기업가들은 그 만큼의 철도 운임의 비용을 더 부담하게 되는 결과가 생겼다. 그리하여 러시아 기업가들이 러시아 철도가 러시아인의 소유가 되지 않으면, 경제적 손해는 계속될 수밖에 없다고 정부에 호소했다. 그러나 정부는 러시아 기업가의 호소에 큰 관심을 기울이지 않았다. 그리하여 상공업자들은 자신들의 이해를 대변해 줄 수 있는 조직과 기관을 설립하려는 시도를 하게 되었다. 그러나 그들의 집단적 행동은 한계가 있었다.

2) 집단적 행동의 무산

모스크바 상공업자들은 자신들의 이익을 옹호해 줄 단체 및 기관이 설립될 수 있도록 정부가 후원해 줄 것을 요구했다. 1882년 모스크바에서 개최된 상공업대회에서 회장을 맡았던 멘젤레에프 (D. I. Mendeleev)는 러시아공업의 보호와 상공업자들의 이해를 대변해 줄 수 있는 상공부(商工部)를 창설하자는 제안을 했다. T. S. 모로조프는 그것에 덧붙여서 상공부의 설립은 물론 상공회의소 ('商工會議所)와 같은 순수 상공업자의 조직이 필요하다고 주장했다.125) 이러한 주장의 배경에는 1872년에 상공업평의회(商工業評議會)라는 상공업자의 조직이 설립되었지만 그것의 구성원에서 알 수 있듯이 기술자, 정부 관료가 그 조직에 관여되어 있었고 조직의 구성원도 재무대신이 임명했기 때문에 진정으로 그것은 상공업자의 단체가 아니라는 불만이 있었다. 그러므로 '상공회의소'와 같은 조직을 통해서 상공업자들의 의견을 정부에 전달할 수 있는 통로가 필요하다는 인식이 상공업자들에게 확산되어 있었다. 그러나 1905년까지 '상공부'는 창설되지 않았다.126) '상공회의소'의 창설도 1917년까지 실현되지 않았다. 그리하여 1867년에 설립된 러시아 최초의 민간조직체인 '러시아공업협회(Общечество для Содействия Русской Пром-ышленности и Торговли)'의 모스크바 지부와127) 모스크바 증권거래위원회를 통해서 자신들의 조직적 활동을

---

125) Francis M. Stackenwalt, *The Thought and Work of Dmitrii Ivanovich Mendeleev on the Industrialization of Russia, 1867-1907*(DelKalb: Northern Illinois Univ. Press, 1976), p.54.

126) Ibid., p.183.

하는 것에 만족해야 했다.[128]

그런데 그러한 상인들의 단체가 정치적 압력단체의 성격을 갖지는 않았다. 1881년 알렉산드르 2세가 암살되는 사건이 발생했을 때 페테르부르크의 수백 명의 귀족과 관료가 혁명에 반대하는 비밀조직 성군(聖軍;священная дружина)을 창설하고, 전제정치를

---

127) 이 협회는 A. P. 쉬포프의 주도하에 설립계획이 만들어지고 1867년 12월에 짜리의 승인을 받고 설립되었다. 이 협회는 1868년 2월에 페테르부르크에 138명, 모스크바에 34명, 까잔에 29명의 회원을 갖게 되었다. T. S. 모로조프가 초대회장이 되었다. 그것의 '집행위원회'에는 콘쉰(N. N. konshin), 말류찐(P. P. Maliutin), 고르보프(Mikhail A. Gorbov), 로세프(A. l. losev), 악쇼노프(V. D. Aksenov), 아브리코소프(A. I. Abrikosov)라고 하는 모스크바 實業界의 거물들이 참가했다. 동 협회에는 주로 공업을 보호해 줄 것과 국가지원의 필요성을 주장하는 인물들이 주도적인 지위를 차지하고 있었다. 이 협회는 단지 공업을 경영하는 자만이 참가한 것은 아니었다. 이 협회가 공업뿐 아니라 러시아의 장래 경제발전에 대한 관심을 갖고 있었기 때문에 섬유, 기관차, 전함 제조에 종사하는 사람도 참가했다. 페테르부르크에서는 경제적 민족주의를 주장하는 작가와 관리도 참가했다. 정치평론가도 선거에 의해서 결정되는 집행부에서 활동하고 그들은 여론에 동 협회의 취지를 알리는 역할을 맡았다. 그런데 이 협회에서 제기된 내용들은 경제활동의 확대를 위해서 필요한 일들을 정부에 전달하기 위한 것이었다. T. C. Owen, op. cit., pp.64-66.

128) 러시아 제국에서 '모스크바 증권거래 위원회'는 영향력이 매우 컸다. 그것은 공업 및 상업에 종사하는 사업가의 견해를 대표하는 역할을 맡고 있었다. 모스크바뿐 아니라 중앙공업지대의 모든 지역에서 회원을 갖고 있었다. 재무부와 협력하여 간혹 경제정책의 수립에 관여하고, 공업 특히 섬유공업을 옹호하는 역할을 했다. 1878년의 재무대신에 취임했던 그레이그(Samuil A. Greig)가 취임 즉후 '모스크바 증권거래 위원회'를 방문한 후, 재무대신들(1905년 이후는 상공부대신)은 이곳을 방문화는 것을 관례로 여겼다. 그것은 경제에 관련된 모스크바의 의견을 페테르부르크가 경청했다는 것을 나타낸다. T. C. Owen, *Capitalism and Politics in Russia*, p.160.

옹호하는 공업경영자들에 대해서 금전적 지원을 호소했다. 반동적인 성격이 강한 이 단체의 구성원 709명 가운데 74명은 주로 모스크바, 페테르부르크와 니쥐니 노브고로드의 상인과 명예시민이었다. 그들 가운데는 모스크바 공업계의 가장 저명한 인물이 포함되어 있었다. 그 조직은 각 지방에 지부까지 결성되었는데, 모스크바 지부의 멤버는 모두 96명이었는데, 그중에서 23명이 상인신분이었다. 즉, 모스크바 시장(市長)이었던 뜨레찌야코프(S. M. Tretiakov), 시의회 의원, 모스크바 상인협회의 대표자, 상공업평의회 구성원들이 모두 포함되어 있었다.[129]

그런데 산업부르주아가 왕권체제를 옹호했던 이유는 무엇이었을까? 자본주의 발전과 절대왕권의 대결구도는 필연적인 역사적 상황이라는 것을 비쩨 자신도 고백한 적이 있었다. 비쩨는 러시아에서 산업화가 실행되고 자본주의가 발전하게 된다면, 결국 짜리체제를 위협하는 사회적, 정치적 운동들이 등장할 것이라는 것을 알고 있었다. 그런데도 러시아에서 짜리체제는 20세기 초까지 유지되었다. 그것에 대하여 전제권력이 오로지 황제에게 충성하는 관료들 혹은 경찰력에 의존했기 때문이라고만 생각하는 것은 단편적인 사고이다. 짜리체제를 그토록 오랫동안 생존할 수 있도록 뒤받침해 주었던 세력균형 상태는 단지 정치적 음모단체를 시베리아 등으로 유형보낼 수 있었던 정부경찰력만으로 가능했던 것은 아니라고 생각해볼 수 있다.[130] 구체제가 국민들에게 영향을 주고 결합력이 끝까지 상당히 강했다고 하는 사실은 짜리즘 자체가 내포하고 있는 러시아의 문화적 측면을 고려하지 않을 수 없게 한다.

---

129) Ibid., p.145.

130) 디트리히 가이어, 이인호 옮김, 『러시아 혁명』(서울: 民音社, 1990), p.37.

3. 의식구조 속에 남아있는 황제숭배

1) 황제의 신성화(神聖化)

러시아에서 황제를 신적인 존재로 인식하게 된 것은 1547년에 이 반4세가 즉위하면서 왕권신수설(王權神授說)을 선포하면서 시작되었다고 볼 수 있다. 이반 4세는 전제권을 가진 황제라는 의미를 내세우기 위하여 로마의 황제를 지칭하는 케사르(Caesar)를 모방하여 짜리(Царь)라는 칭호를 정식으로 사용했다. 그 후에 러시아의 황제는 짜리라고 불리어졌으며, 마치 성인(聖人)과 같은 권위를 갖게 되었다. 그리하여 인민의 의식 속에서 짜리는 세속적인 최고의 통치자이면서, 인민을 구원해 줄 신(神)과 같은 존재로 인식되기도 했다.[131]

실제로 거의 대부분의 러시아 인민들은 짜리를 그 어떤 세속적 범주로부터 벗어난 통치자로 인식했다. 실제로 러시아에서 농민반란이 일어났을 때, 그들이 생각하기에 궁핍과 부정부패를 저지르는 것은 영지 소유자, 영지관리인, 말단관리, 조세 징수자, 악덕 고리대금업자, 혹은 유태인이었지, 짜리는 그 책임이 없었다. 농민들은 짜리에게 직접적으로 원망이나 원한을 품지 않았다. 그러한 짜리숭배는 정교회의 종교적 경건함과 호흡이 잘 맞아 들어가는 원초적 애국심과 결합되어 농민대중의 반란을 언제나 잠재울 수 있는 역할을 하곤 하였다. 농민의 세계관 속에서 국가의식은 다소

---

131) 니콜라이 베르쟈예프 지음, 이경식 옮김, 『러시아 知性史』(서울: 종로서적, 1987), pp.8-9.

결여되어 있을 수도 있었으나 짜리숭배는 원초적 형태로 확고히 자리 잡고 있었던 것이다.132)

이러한 짜리숭배의식은 20세기 초까지도 남아있었고, 표면적으로 그것이 사라지게 된 계기는 1905년 혁명이었다. 즉 1905년 1월 9일 일요일에 발생한 '피의 일요일' 사건에서,133) 시위대의 대열 속에서 짜리의 초상화와 성상화(이콘)을 들고 짜리의 구원을 기대하는 농민들의 모습이 있었다. 또한 시위대의 탄원서 내용에서도 민중의 의식 속에 짜리숭배가 얼마나 뿌리가 깊은 것인지 알 수 있다. 그들은 자신들의 어려운 처지를 해결해 줄 수 있는 마지막 보루는 짜리라고 믿고 있었다.

> 폐하! 우리들 페테르부르크시의 노동자들과 주민들, 우리
> 들의 자식들, 늙은 부모들은 정의와 보호를 바라며 폐하께
> 갑니다. 우리들은 가난 속에서 억눌리며, 견딜 수 없이 힘든
> 노동의 부담을 떠맡으며, 모욕당하며 인간이라 생각할 수 없
> 는 비참한 자신의 운명을 참아내며 묵묵히 살아나가지 않으
> 면 안 되는 노예처럼 취급당하고 있습니다.……

132) 디트리히 가이어, op. cit., p.62.
133) 1905년 혁명은 '피의 일요일'이라고 불리는 사건으로 시작되었다. 노동자를 이끌고 가퐁이라는 신부가 짜리에게 청원서를 전달하려고 페테르부르크의 겨울궁전에 갔던 것이 1905년 1월 9일 일요일이었던 것으로 인해 붙여진 이름이다. 1905년 혁명에 관한 글에 의하면 가퐁 신부가 정부로부터 간접적인 지지를 받았던 親정부적인 인사였다. 가퐁 신부는 강연회, 음악회 등의 계몽사업을 하는 '노동자 모임'을 조직해서 노동자의 지적수준을 높이면 급진적인 파업활동을 어느 정도 방지할 수 있다고 생각했었다. 따라서 경찰이 그 모임의 임원을 인정하고 있었다. 그런데도 정부가 시위대에 총을 쐈다는 것은 시위대의 요구사항이 결국은 짜리체제를 위협하는 자유주의적인 정치적 내용을 담고 있었기 때문이었던 것이다.

폐하! 이것이 과연 당신이 신의 은총으로 지배하고 계신 공
정한 법과 일치하는 것입니까?…… 당신과 당신의 백성 사이
의 벽을 깨기 위해 우리는 왔습니다.…… 바라옵건대 당신의
도움을 구하는 백성들의 청을 거절치 마시옵고 저희들을 무법
과 빈곤과 무지의 늪으로부터 부디 구원해 주소서……(다음은
자신들이 요구하는 사항을 설명하고 있음.)[134]

위의 탄원서보다 구체적으로 짜리에 대한 군중의 기대가 표현
된 것이 있었다. 가퐁 神父가 내무부 장관 스비야토폴크 미르스키
왕자(王子)에게 보낸 편지가 그것이다. 가퐁 신부는 1905년 1월 9
일 '피의 일요일'이 발생하기 전에 그의 비서를 통해서 한통의 편
지와 청원서의 사본을 내무부 장관에게 전달했다.[135]

장관님, 노동자를 비롯한 각계각층의 사람들로 구성된 페테
르부르크 주민은 동궁 광장에서 1월 9일(22일) 오후 2시에 짜
리를 배알하기를 청원합니다. 그 이유는 페테르부르크 주민과
러시아인 모두의 요구를 짜리에게 전달하기 위한 것입니다.
짜리가 두려워 할 것은 아무것도 없습니다. 러시아 노동자조
합의 대표로서 저는 이것을 짜리에게 보장할 수 있습니다. 저
의 동료노동자들과 동지들, 심지어 혁명단체에 소속된 것으로
지목된 사람들까지도 <u>짜리의 신성불가침성을 보장합니다.</u> 참

134) С. Н. Сыров, *Страницы истории*(Москва: Русский язык, 1975),
   с.181.

135) S. P. Turin, *From Peter the Great to lenin*(london: P. S. King &
   Son lTD, 1935), p.81. 튜린은 사회주의 혁명 이전 모스크바 대학에
   서 정치경제학 교수로 재직했으나 혁명 이후 영국으로 망명하여 런
   던대학에서 러시아 경제학을 강의했다. 그는 자신이 직접 수집한 자
   료들과 자신의 경험을 토대로 위의 책을 출판했다.

다운 군주로서 국민에 대한 건실한 용기를 보여 준다는 의미
에서 짜리께서 직접 우리의 청원서를 받도록 해 주십시오. 이
것이 페테르부르크 및 러시아인 모두와 함께 각하 자신이 번
영을 누릴 수 있는 중요한 조건입니다. <u>그렇지 않으면 지금까
지 짜리와 국민 사이에 존재하던 정신적 유대는 파괴되어 버
릴지 모릅니다.</u> 이러한 우리의 요구와 동봉하는 청원서를 지
체 없이 황제 폐하께 전달해 주는 것은 내무대신 각하의 중대
한 도덕적 의무입니다. 폐하를 신뢰하는 저와 수천의 노동자
는 동궁까지 평화적인 행진을 할 것을 결정했으며, 이것은 취
소될 수 없다는 것을 짜리께 전해 주십시오. 말로써가 아니라
행동으로써 짜리의 확신을 보여주십시오.136)

그런데 짜리에 대한 인민의 기대는 결국 무너지고 말았다. 짜리
의 군대가 시위대에 총격을 가하자 그들은 자신들이 갖고 있었던
짜리즘의 환상에서 깨어나게 된다. 그 이후 노동자들의 시위에서
짜리의 초상화과 성상화는 더 이상 보이지 않았다. 노동자들은 짜
리에 대한 기대를 상실하고 진보적인 사회세력에 동조하게 된다.
이제부터는 붉은 깃발이 시위대에서 주류를 이루게 되었다.137)
농민층에서도 짜리 숭배는 급격히 퇴색되었다. '피의 일요일' 사
건 소식은 전국으로 확산되어 1905년 1월 10일에서 14일 사이에 걸
쳐 모스크바, 리가, 바르샤바, 롯지, 사라토프 등에서 '피의 일요일'
사건에 대한 항의 및 경제적, 정치적 요구를 주장하는 파업이 시작
되었다. 그들은 무엇보다도 짜리가 인민에게 총을 쐈다는 사실에
충격을 받았고 그 흥분은 자연발생적으로 대규모의 파업운동을 초

---

136) *The Manchester Guardian*, Jan. 23, 1905, S. P. Turin, op. cit.,
p.81에서 재인용. 이 신문은 런던에서 발행되었다.
137) 디트리트 가이어, op. cit., p.63.

래했다. 그 이후의 어떤 파업운동도 1905년에 동원된 시위대의 숫자를 갱신하지 못했다. 또한 1905년 혁명은 그 이전 과거 10년간의 파업 참가자의 숫자보다도 많은 것이라는 점에서 보면 짜리에 대한 실망이 얼마나 컸는지 알 수 있다.[138] 노동자와 농민의 대다수가 굳게 신뢰하고 있었던 짜리에 대한 환상이 '피의 일요일'에서 깨어지고 그 자리에 급진주의적 사상이 대신 들어섰던 것이다.[139]

그런데 산업부르주아에게는 여전히 짜리숭배의식이 유지되었다. 그들은 노동자와 농민처럼 열악한 경제적 상황에 처해 있지도 않았고, 그들이 때때로 정부에 대하여 불만을 품기는 했지만 그것은 부분적으로 해결되던지 다른 방식으로 보상받을 수 있었다. 간혹 소수의 산업가가 자유주의 진영 또는 혁명주의 계열과 깊은 관련을 맺으면서 반정부 행동을 하기도 했다. 그러나 그것은 19세기말까지 극히 부분적인 현상이었을 뿐, 러시아 상공업계 전체의 분위기를 대변하는 것은 아니었다.[140]

19세기 상공업자들이 짜리를 여전히 세속적인 지배자 이상으로 숭배하고 있었다는 것을 여러 가지 그들의 성명서와 발표문에서 발견할 수 있다. 예를 들면 1905년 혁명 이후 국회를 창설하자는 주장이 담긴 편지가 '러시아 소식'에 공표된 적이 있었는데 거기에는 여전히 짜리숭배의식을 배격하지 않겠다는 내용이 포함되어 있었다. 그들은 자신들은 정말로 조국을 사랑하고 있으며, 언제나 짜리를 지키기 위하여 기꺼이 나서겠다는 다짐을 표명했다. 또한

138) Ibid., p.43.
139) 디트리히 가이어, 이인호 옮김, 『러시아 혁명』(서울: 民音社, 1990), p.50.
140) Ibid., p.64.

그들은 짜리와 함께 인민의 경험과 지혜로 조국을 지킬 수 없다면, 정신적인 형태이든 물질적인 형태이든 러시아의 새로운 탄생이라는 것은 있을 수 없다는 것을 강조하고 있었다. 그 편지는 모스크바 증권거래 위원회의 15명 대표자가 기안하고 그 밖의 상인들도 이를 지지했다.[141]

이와 같이 상인계층은 인민에서 나타난 바와 같이 황제숭배 의식을 갖고 있었고, 이러한 경향은 19세기 중반까지 계속되었다.

2) 새로운 가치관의 부재

러시아 급진주의자들은 동시대를 살면서 어떻게 전통적인 제도를 비판하고 사회적으로, 정치적으로 진보적인 의식을 갖게 되었는가? 다니엘 브라우어는 상층계층의 구조변화와 대학교육의 보편화로 급진파의 생성배경을 설명하고 있다.[142] 새로운 직업을 원하고 성공하려는 열망을 갖고 고등교육에 열의를 가졌던 사람들이 근대화의 일부로 실행된 대학교육을 통해서 서구적 가치를 배우고 근대적인 지식인의 모습으로 변해갔다. 그들은 점점 자기들의 직업적인 관심을 뛰어 넘어 인생, 사회, 인간의 진보성 등에 관한 포괄적인 가치관에 대하여 많은 생각을 하게 되었다.[143]

그런데 상공업자에게는 그러한 가치관의 변화를 겪을 수 있는

141) Alfred J. Riever, *A Merchants and Entrepreneurs in Imperial Russia*(New York: Chapel Hell, 1982). p.115.

142) 다니엘 브라우어, "19세기 러시아 급진지성의 사회적 기원", 임영상 編譯, 『러시아 인텔리겐찌야論』(서울: 探究堂, 1990), pp.124-130.

143) Ibid., p.129.

고등교육을 받을 수 있는 기회가 많지 않았다. 1840년대부터 일부 상인집안의 자녀들이 고등교육을 받기는 했으나 그 숫자는 한정되어 있었고, 상공업자의 대다수가 대학교육을 받게 된 것은 19세기 말이었다. 신분제 사회에서 교육은 지배계층의 특권으로 인식되고 있었고, 특히 고등교육 분야는 귀족과 관료계층의 특권으로 간주되어 있었기 때문에 다른 신분에게는 고등교육에 입학할 기회가 제한되었다. 다음의 표는 고등교육 기관에 재학 중인 학생들의 신분을 표시한 것이다.

〈표 4〉 고등교육기관 학생들의 출신별 구성비[144]

신 분	1865	1880	1900	1914	*1914
귀족/관료	67%	47%	52%	35%	24%
성직자	9	23	8	10	2
상인/명예시민	8	19	32	46	50
농 민	13	3	5	13	22
기 타	3	8	3	6	2

출처: Daniel R. Brower, Training the Nihilists: Education and Radicalism in Tsarist Russia(london: Cornell Univ. Press, 1975), p.248. and William H. E. Johnson, Russia's Educational Heritage(New York: Octagon Books, 1969), p.290.

위의 표에서 보면 상인과 명예시민은 1880년대 이후 고등교육을 받을 기회가 증가하지만 1900년이 되어야 32%로 수준이 되었던 것이다.[145]

---

144) 박태성, "러시아 敎育의 變化와 連續性", 박사학위논문, 한국외국어대학, 1995. p.83에서 재인용.
145) E. H. Медынский, *История русской педагогики до Великой Октяб*

그리하여 1840년대와 1850년대의 활동하던 급진적인 지식인 가운데 상인신분이 차지하는 비율은 현저하게 낮게 나타나고 있다. 다음의 표는 상인신분의 급진주의자가 많지 않았다는 것을 보여준다.

〈표 5〉 젊은 급진적 지식인들의 직업

신 분 \ %	1840년대		1850년대		합 계	
	수	%	수	%	수	%
학 생	15	29	29	79	44	49
관 리	18	35	4	11	22	25
작가-예술가	7	13	2	5	9	10
군장교	5	9	–	–	5	6
교 사	6	12	2	5	8	9
상 인	1	2	–	–	1	1
미 상	–		1		1	
합 계	52	100	38	100	90	100

출처: 다니엘 브라우어, "19세기 러시아 급진지성의 사회적 기원", 임영상 편역, 『러시아 인뗄리겐찌야論』(서울: 탐구당, 1990), p.132.

위의 표는 1840년대 당시 진보적인 명성을 갖고 있었던 뻬뜨라쉡스끼(Mikhail Petrashevsky; 1821-1866)의 써클에서 활동하던 사람들과 1850년대 급진주의의 온상이었던 대학 가운데 페테르부르크 대학의 급진주의 성향의 대학생 써클을 분석한 것으로 러시아 전체의 급진주의자들에 대한 분석은 아니다. 따라서 자료분석은 정확한 통계수치로 신뢰할 수 없는 점이 있기는 하지만 그것

ръской социалистичесой революции(Москва: Государственное учебно-педагогическое издательство, 1938), c.468. 박태성, op. cit., p.86 에서 재인용.

이 시사하는 것은 마찬가지일 것이다.[146]

진보적 지식인은 새로운 세계관을 주로 학교생활을 통해서 형성해 갔던 것으로 보인다. 학생들은 교육기관을 통해 합리적이고 분석적인 사고력을 갖추게 되었고 서구의 세속학문과 직접 접촉하면서 현실에 대한 새로운 가치관을 갖게 되었다.

때때로 일부 산업가들이 자유주의자, 지식인, 젬스트보 지도자, 급진적 사고를 가진 모스크바 市의회 의원과 교제를 하게 됨으로써 또는 유럽의 대학에 장기간 유학을 하게 됨으로써 새로운 사고를 할 수도 있었다. 그러나 국내에서 정치와 역사발전에 대한 이해와 지식을 쌓을 수 있는 곳은 대학이 대표적이었다. 모스크바 대학의 유럽사 교수인 그라노프스키(Timofei N. Granovsky)의 역사 수업이나, 자유주의적인 교수 골쩨프(V. A. Gol'tsev)의 수업을 통해서 상인 2세대들이 '처음으로 입헌정치(立憲政治)를 이해하게 되었다'고 말했다는 것은 그 예이다.

교육이라는 측면 이외에 구체제에 대항하는 계기를 제공하는 것은 사회적 불만이다. 예를 들어 교육을 제대로 받지 못한 노동자와 농민이 19세기 말에 급진적인 사회운동에 가담하게 된 것도 그 계층이 갖고 있던 강한 사회적 불만 때문이었다. 19세기 초까지만 해도 러시아 노동자들의 불만은 커다란 사회문제로 발전되지 않았다. 노동자들 대부분은 농촌과 토지에 대해 관계를 맺고

---

146) 브라우어는 당시 비밀경찰이 시위자들을 체포하면서 그들에 대한 중요한 통계자료를 만들었던 것에 의존해서 급진파 지식인의 사회적 배경을 분석했다. 물론 경찰기록 보관소에 있는 모든 개인을 포함시키지는 않았으나, 뻬뜨라쉡스끼 써클 사람들(1849년)과 페테르부르크 대학 학생시위자(1861년) 외에 일부 급진적인 지식인도 포함되어 있다. 다니엘 부라우어, op. cit., p.131.

있거나 가족이 토지를 소유하고 있어서 부업으로 공업노동에 종사하는 경우가 많았다.[147] 그러므로 러시아의 노동자는 공장의 임금만으로 생활을 하고, 부르주아와의 투쟁을 하면서 사회주의적인 정치의식을 발달시켰던 유럽의 프롤레타리아와는 달랐다. 러시아의 노동자가 농촌공동체에 소속되어 정기적으로 그곳으로 돌아가는 한 러시아 산업현장에서 계급적 증오가 만들어지기는 어려웠다. 1890년대에서도 노동자들이 여전히 가부장제적인 권위에 대해서 순종하는 모습을 자주 목격할 수 있었다고 한다. 어떤 사회주의자는 실망해서 말하기를, 노동자들이 지주, 사업주, 공업경영자들을 자신들에게 일을 주는 고마운 보호자라고 인식하고 있기도 했다는 것이다.[148]

그런데 1890년대 산업화의 결과로 새로운 노동자계층이 생성되었다. 노동자계층은 러시아 전체 인구에서 차지하는 수는 적었지만 이 계층은 주로 대규모의 기업이 있는 페테르부르크와 모스크바 등의 중요한 산업 중심지에 몰려있었다. 그리고 그들은 갑자기 그리고 때로는 불완전하게 농촌으로부터 분리되었다. 산업노동자들은 시간이 흐르면서 자신들의 경험을 축적해 가면서 주체의식을 갖게 되었다. 경제적 궁핍, 사회복지시설의 부족 그리고 합법적 노동조합에 대한 정부의 탄압 등 그들이 직면하고 있는 상황은 드디어 1890년대 이후부터 反전제주의적 사상을 수용할 정도로 노동자의 불만을 야기시켰다.[149]

---

147) 레오폴드 헤임슨, "1905-1907년 러시아 도시지역의 사회적 안정성 문제", 이인호 엮음, 『러시아 혁명사론』(서울: 까치, 1992), p.203.

148) Richard Pipes, *Social Democracy and the St. Petersburg labor Movement*, 1885-1897(Cambridge, Mass, 1963), ch.3 참조.

149) П. Г. Рындзюнский, *утверждение капитализма в россии 1850-1880*

노동자들은 공장에서 새롭게 경험해야 하는 고통스럽고 낯선 상황에 대한 분노와 어쩔 수 없이 농촌을 떠나야만 했던 상황에 관한 불만을 갖고 있었다. 분노로 시작된 노동자 운동이 다른 도시보다 페테르부르크에서 혁명적 폭발성을 보여주었던 것은 그곳에서 노동자들이 혁명운동가(볼셰비키)의 선전과 선동에 더 많이 접했기 때문이기도 하지만, 노동자의 파업행동을 직접적으로 유발시켰던 것은 그들이 가진 분노와 비애감이었다. 1912년 이후 이미 '엄청난 분노와 절망감'을 가진 노동자 집단행동을 통제할 수 있는 것은 아무것도 없는 것처럼 보였다.

노동자의 불만에 비하면 산업계의 어려움은 그렇게 커 보이지 않았다. 단지 노동문제에서 산업가는 불만을 갖고 있었지만 그렇다고 반정부 정치운동으로 비약되는 경우는 거의 없었다. 산업가는 재무대신 분게(Nikolai Kh. Bunge)[150]가 만든 자신들에게 불리한 노동법에 불만을 갖고 있었으면서도 직접적으로 그것에 대응하지 않았다.[151] 또한 정부가 노동자의 집단적 항의가 정치운동화

гг.(Москва: Наука, 1978), c.294.

150) 1882년 1월 - 86년 12월 재무대신으로 재임.

151) 노동입법을 토의하는 두개의 위원회가 1870년부터 1871년에 기간에 있었다. 이 위원회가 작성한 법안은 아동의 고용금지와 청소년의 노동의 규제, 최저임금수준, 간이숙사, 병원, 학교 등의 건설을 촉구했다. 이법안에 대한 상인들의 반대는 생산비를 증대시킨다는 경고를 하는 것으로, 외국과의 경쟁에서 적을 이롭게 할 것이라는 것이었다. 그리하여 1872년에 '국가평의회'와 내무부는 이 법안을 각하했다. 그러나 1880년의 파업과 1882년의 야르제보 공장의 비참한 화재 후에 분게(Bunge)는 1882년 1월에 재무대신에 취임하자마자 아동노동과 청소년 노동을 주간의 10시간으로 제한하는 법안을 '국가평의회'에 제출했다. '국가평의회'에서 심의하는 과정에서 전문가로서 소환된 T. S. 모로조프와 그 외의 유명한 공장경영자들은 그 법안을

되는 것을 사전에 예방하고자 공장노동자의 처우개선이나 작업자 환경에 대하여 직접 개입했을 때 중앙공업지대의 공장경영자들은 그것에 크게 반발하기도 했으나, 결국 정부의 질서유지 정책에 협조했다. 그 전형적인 경우가 1863년에 발생한 T. S. 모로조프가 운영하던 공장의 파업이다. 경찰이 노동자의 과격한 행동을 저지시키고, 경영자는 경찰의 협조요청에 따라서 노동자에게 밀린 임금을 지불함으로써 질서는 곧 회복되었다.152)

극렬히 반대했다. 그러나 이번에는 '국가평의회'와 짜리가 모스크바 상인의 견해를 무시했다. 공장소유자들은 이 법안에 의해서 그 이후 12세 이하의 아동을 고용할 수 없고, 12세에서 15세까지의 청소년의 노동시간을 8시간으로 제한하지 않으면 안 되고, 또 청소년을 야근 및 일요일의 노동에서 제외할 것이 의무로 정해졌다. 또한 노동자의 자녀들의 초등교육을 받게 하지 않으면 안 되었다. 이 법령을 1884년 4월에 실시하게 되어 있었는데 그 실행에 대해서 공장감독관이 감시하게 되어 있었다. 그러나 이 법률은 임금 및 벌금이라는 중요한 사항은 건드리지 않았다. 그때까지 가장 최대의 파업인 1885년의 '모로조프 스트라이크' 후에 겨우 재무부는 이 문제를 취급했다. B. Я. Лаверучев, *Царизм и рабочий вопрос в России*, 1861-1917 гг. (Москва, 1972), c.55-61.

152) 1861년부터 1900년까지의 중앙공업지대에서 노동조건은 악화되어 있었다. 좁은 장소에 사람들이 꽉 들어차 있고, 위험한 기계들로부터 노동자들은 보호받지 못하고 있었다. 12시간에서 18시간의 노동시간이 일반적이었다. 노동자의 해고는 공장주의 임의대로 행해졌다. 노동자에 있어서 특히 부담이 되었던 것은 경영자에 유리한 금전상의 문제였다. 규격 이외의 제품, 결근, 그 외의 과실에 대해서 부과하는 벌금은 일 년 동안 수천 루블이 되기도 하고, 경영자의 중요한 수입원이 되기도 했다. 더구나 급료 지급은 일정치 않고, 부활절과 크리스마스 시기에만 지불하는 경우도 있었다. 또 노동자들에게 경영자들이 식료와 의류 그 외의 생활필수품을 공장 내의 자신들의 점포에서 구입할 것을 요구하기도 했다. 그래서 노동에 관한 최초의 위원회는 1859년-1862년에 다음과 같은 내용으로 법안을 만들려고 했다. 즉, 그 법안은 아동의 고용을 금지하고, 청소년의 노동시간을

혹시 산업가들이 불만을 갖고 있었다고 할지라도 여론을 이용해서 불만요인을 해결할 수 있는 길이 있었다.[153] 그들은 자신들에게 유리하게 여론을 유도하여 목적한 바를 실현시켰다. 신문, 잡지 가운데 특히 상인들에 유익했던 것은 이반 악사코프가 발행하던 주간신문 '루시(Русь)'였다. 상인들은 그것에 자금을 제공함으로써 자신들에 유리한 기사를 게재하기도 했다. '루시'의 경제란은 샤라포프(Sergei F. Sharapov)에 의해서 쓰여졌는데 그 신문은 1885년 1월에 모로조프가 운영하는 공장에서 발생한 노동자 파업이 경영방침의 잘못 때문에 생겨난 것은 아니라는 기사를 게재했다. 그 후 이반 악사코프가 1886년 1월에 사망하자 몇몇 공장경영자는 일간신문 '루스코에 젤로(Русское дело)'를 지원하기 위하여

최고 10시간으로 제한하고, 그들의 야간노동도 금지하려고 했다. 또 공장감독관 제도를 확립해서 노동쟁의를 조정하는 특별재판소를 설치한다고 하는 내용이었다. Frederick C. Giffin, "In Quest of an Effective Program of Factory legislation in Russia: The Years of Preparation, 1859-1880", *The Historian*, Vol.29, 1967, pp.176-78.

153) 재무대신과 내무대신은 말할 것도 없이, 최대 이윤을 추구하는 공장경영자의 권리보다는 공적질서를 유지하는 것에 신경을 썼다. 노동자의 폭동의 재발방지를 위해서 노력했다. 1885년 6월의 새로운 법안에서 첫 번째의 조항은 야근에 여자를 채용하는 것을 금지하고, 야간 노동자의 최저 연령을 18세까지 높였다. 이 법률은 10월부터 3년간 시험적으로 실시되고 1917년까지 효력을 갖고 있었다. 중앙공업지대의 공장경영자들은 이 법안에 반대했고, 법률의 시행을 1887년까지 연기하자는 상인들의 청원은 분게에 의해서 무시되었다. 이 법안 성립에 책임이 있었던 분게는 상인들이 지원하던 신문이나 정기간행물에서 심하게 비판받았다. 러시아의 생활조건을 이해하고 있지 않다든지, 교조주의적이라든지, 유해한 서구의 이론을 모사하고 있다든지 하는 비난이 쏟아졌다. John l. Pesda, "N. K. Bunge and Russian Economic Development, 1881-1886", doctoral dissertation, Kent State University, 1971, p.139.

자금을 제공했다. 그 신문은 그들의 뜻을 좇아서 분게가 도입한 노동법과 공장감독관을 공격하는 기사를 게재했다.154) 모스크바의 신문 '현대 통신(Современные Известия)'은 1882년, 1885년, 1886 년에 제정되어진 노동법은 사회주의에 가까운 것이라고 공격함으로써 고용주의 입장을 두둔했다. 또한 '모스크바 소식(Московские Ведомости)'도 '현재의 짜리체제에 반대하는 무리를 타파'하기 위해서 분게의 경질이 필요하다는 기사를 실었다. 또한 반동적인 성향을 가진 '시민(Гражданин)'과 '新時代(Новое Время)'도 같은 요구를 했다. 마침내 분게는 1887년 1월 1일 사임했다. 그 후 1892년 재무대신에 취임한 비쩨가 만든 법안은 중앙공업지대의 공장경영자들을 거의 만족시켰다. 이 법안은 최장 평균 노동시간을 12시간 반으로 제한하고 법률위반에 대한 벌칙도 부과하지 않았고, 얼마 후에는 무제한의 초과근무를 허가했다.155)

이와 같이 상공업자들의 불만은 어느 정도 수준에서 해소되는 경우가 많았고, 국가와 산업계의 관계는 대체로 우호적이었다. 재무부가 독일과의 무역분쟁에서 수입관세를 인하해야 했을 때 '니쥐니 노브고로드 증권거래소 위원회'의 회장인 T. S. 모로조프는 그것을 수용한다는 내용을 발표했다. 그는 국민이 외국제품을 구입함으로써 외국의 금고에 공물을 바치게 되는 것은 참을 수 없으나 풍부한 자원을 갖고 있고 유능한 러시아 인민이 존재하고 있으며 불굴의 정신을 가진 노동자가 존재하는 한, 러시아는 유럽

154) 그러나 샤라포프가 신문사의 경영자금을 착복했던 일로 상인들과 의견충돌을 하게 되자, 1888년에 상인들은 자금원조를 끊고, 1890년 말에 이 신문은 폐간되어 버렸다. T. C. Owen, *Capitalism and Politics in Russia*, p.179.

155) Ibid., p.184.

의 주도적인 공업국의 하나로 성장할 수 있으므로 잠시 동안 고통은 참을 수 있다고 하는 애국적인 내용을 발표했다.[156) 상공업자인 크레스토프니꼬프(V. Krestovnikov)도 자신이 경영하는 화학공업이 독일수출에 의존하고 있음에도 불구하고, 일시적인 경제적 손실을 입더라도 국가전체를 위해서 고율관세를 받아들이겠다고 발표했다.[157) 결국 독일과 러시아의 관세를 둘러싼 긴장은 완화되었다. 그리하여 1894년 3월에 조인된 조약에서 러시아는 몇 가지 상품, 화학제품, 약품, 특수금속기기, 고품질의 모직물 등에 대한 관세를 내리게 되었고, 독일은 그것에 대응해서 러시아 농산물에 대한 관세를 인하시켰다. 비쩨는 국가평의회에서 자유주의 정책이 가장 중요한 무역상대국인 독일의 관계를 유지시키기 위해서 어쩔 수 없다고 설명하고 러시아 상공업자의 손해가 크지는 않을 것이라고 보고하면서 상공업자를 위로했다.[158)

한편 보수적 경향을 가진 신문이나 잡지도 산업계의 역할이나 사회적 중요성을 두둔했다. 니즈니 노브고로드지역에서 발행되던 신문 '볼가리(볼가인)'는 동란시대(Смутное время; 1612년) 폴란드가 혼란을 틈타서 모스크바를 점령했을 때 상인계층의 경제적 도움이 매우 유익했던 것처럼, 19세기 중반 사회적 위기 속에서도 러시아 상인은 동란시대보다 훨씬 큰 시련을 극복하면서 조국의 명예와 영광을 지켜야 한다는 내용을 실었다.[159) 그리고 상인신분

---

156) Anne lincoln Fitzpatrick, _The Great Russian Fair: Nishnii Novgord_-(Oxford: Macmillan, 1990), p.105.

157) P. A. Buryshkin, _Merchant of Moscow_(New York: Chekhov, 1954), pp.180-181.

158) T. C. Owen, _Capitalism and Politics in Russia_, p.190.

159) Ibid. pp.65-66.

에 대한 긍지를 언급하면서 자유주의 운동과 급진주의 운동은 상인의 자제(子弟)가 아니라 주로 지주 집안의 자제들에 의해서 형성된다는 점을 꼬집어 말하면서 지주들이 짜리정치에 대한 충성을 소홀히 하고 있다고 비판했다. 바로 이러한 시기에 상인신분이야말로 조상이 물려준 유산을 배신하지 않고, 러시아를 사랑할 수 있는 주체가 되어야 한다는 것이 강조되었다.[160] 상인계층의 보수적 정치의식은 일부 보수 언론에 의해서 장려되기도 했던 것이다.

이와 같이 보수적 성향을 가진 일부 언론과 정부가 산업부르주아를 자기 세력으로 끌어들이려고 했던 것에 비해서 자유주의적 성향을 가진 지식인 집단은 산업부르주아를 자신의 편으로 끌어들이려는 노력을 하지 않았었다. 그러한 노력은 1905년 혁명 이후 비로소 일부 자유주의자 및 혁명운동가 일부(멘셰비키)들에 의해서 시도되었다.

멘셰비키들은 1907년 6월 스톨리핀(Stolypin)의 강압정책으로 혁명운동이 정체되자, 사회주의국가건설보다 러시아에 근대적이고 '부르주아'적인 서구적 유형의 정치와 법질서를 세우겠다는 의지를 보이기도 했다. 그러나 그것도 오래 지속되지 못했다.[161] 그리하여 20세기 초까지 산업부르주아는 자유주의 정치운동이나 급진주의 운동 모두에 적극적이지 않았다.

---

160) Ibid. p.67.
161) S. M. 슈바르츠 著, 金南 編譯, 『1905년 혁명』(서울: 녹두, 1986), p.17.

Ⅳ. 산업부르주아의 정치의식과 1905년 혁명

1905년에 혁명이 발생하면서, 제정러시아에서 자유주의 세력이 점차적으로 강해지고 있었다. 그러나 아직은 짜리정부가 자유주의 세력을 탄압할 수 있는 힘이 남아 있었다. 계속되는 자유주의적 정치개혁에 대한 사회적 요구에 대하여, 1905년 10월 정부는 국회의 설립을 허락하는 등 일부 정치적 양보를 하게 되었지만, 결국은 국회를 보수적 정당이 지배하게 만들면서 자유주의 세력의 정치적 실패를 이끌어냈다. 그리고 러시아의 산업부르주아는 보수적 정당을 결성하는 등 마지막까지 제정러시아의 왕권을 지지했다.

그리하여 자유주의 세력은 점차적으로 약화되었고, 결국 1917년 10월 사회주의 혁명 이후에 완전히 소멸되었고, 러시아는 사회주의 국가가 되었다.

1. 진보세력과 보수세력의 대립

1789년 프랑스 혁명에서 구체제에 대항한 반대파가 정치적으로 성공을 거둘 수 있었던 것은 제3신분이 갖고 있었던 '진보적' 열망뿐 아니라 국가행정 쇄신에 불만을 가졌던 '보수적' 경향을 가진 귀족들과 성직자들의 분노가 하나로 합쳐졌기 때문이고 또한 혁명이 진행되는 과정에서 혁명세력과 진보세력이 서로 갈등을 겪

으면서 둘의 힘겨루기가 벌어졌을 때 결국 진보세력이 승리할 수 있었기 때문이었다.[162]

러시아의 경우에서도 1905년 혁명 직전에 '해방동맹(Union of liberation)'이라는 진보적 세력과 온건개혁세력이 결성한 정치동맹이 있었다. 그것은 젬스트보에서 활동하던 자유주의적 입헌주의자, 사회주의 혁명노선을 추구하던 급진주의자, 그리고 일부 보수주의자도 참가한 정치동맹이었다.[163] 1905년 1월 9일의 '피의 일요일' 사건으로 시작되고 그해 10월 짜리가 '국가두마'의 창설을 허용한다는 내용의 성명서가 발표됨으로써 '1905년 혁명'이 성공할 수 있었던 것은 프랑스 혁명의 경우처럼 진보세력과 온건세력이 반정부세력으로 결집했기 때문이었다.

해방동맹의 존재는 정부를 긴장시켰다. 러일전쟁에서 군대는 계속 궁지에 몰리고 있었고 국내에서는 1905년 1월 9일에 발생한 '피의 일요일' 사건 이후 노동자들의 파업은 계속 늘어만 갔다. 짜리정부는 안팎으로 다가오는 이중의 위협에 대처해야 했다. 비쩨는 니꼴라이 2세에게 두 가지 대안을 제시했다. 즉, 군사독재를 수립하든가 그것이 불가능하다면 국민에게 헌법을 하사하라는 것이었다. 짜리군대 대부분은 아직 일본과의 전쟁 때문에 극동으로 파견되어 그곳에 주둔해 있었고 당장 동원될 수 있는 군대의 충성심도 확신할 수 없었던 짜리는 비쩨의 두 가지 제안 중에서 헌법을 하사하라는 두 번째 요청을 받아들였다.[164] 짜리정부는 혁명세

---

162) 레오폴드 헤임슨, "1905-1907년 러시아 도시지역의 사회적 안정성 문제", 이인호 엮음, 『러시아 혁명사론』(서울: 까치, 1992), p.277.

163) Max Weber, (ed.) Gordon C. Wells and Peter Baehr, *The Russian Revolutions*(Cambridge: Polity Press, 1995), p.41.

164) M. 카르포비치 著, 李仁浩 譯, 『帝政러시아』(서울: 探究新書, 1980). p.85.

력을 탄압하는 것만으로 시국을 수습할 수 없다는 것을 깨닫고 1905년 10월 17일 '10월선언'을 발표하게 된 것이다.

그런데 그 '10월선언'이 의도적이든 아니든 반정부 세력의 분열에 결정적인 역할을 하고 짜리정부의 정치적 안정에 기여했다.[165] 자유주의자 및 그 외의 온건주의자가 '10월선언'을 크게 환영한 반면, 급진세력은 그것에 만족하지 않고 제헌의회를 구성할 것 등을 요구하게 되자 자유주의 세력과 급진세력은 결별하게 된다.[166]

급진세력은 역사적 전환점에서 변화를 주도하는 세력이 자신들이 아니고 자유주의적 보수세력이 되는 것을 우려하고 있었다. 그러한 우려를 확인 할 수 있는 것은 1905년 11월 사회민주당의 기관지인 「이스크라」의 편집진이 발표한 전단의 내용이다.[167]

러시아가 지금처럼 헌법수립에 가까이 접근해 본적은 없었다고 확언할 수 있다. 물론 러시아가 완전한 입헌국가로 될 정확한 날짜와 시간을 예언할 수 없다. 그러나 그 날은 급속히 다가오고 있고 그만큼 확실하다. 이 전환점이 사회민주주의 기치 아래서 우리 프롤레타리아트의 적극적이고 의

165) Don C. Rawson, "Rightist Politics in the Revolution of 1905: The Case of Tula Province", *Slavic Review*, Vol.51, No.1, 1992, p.99.

166) А. Ю. Дворниченко, *История России*(Санкт-Петербург: Издательство спбгу, 1992), с.323.

167) 사회민주당은 마르크스주의 정당으로서 1898년에 창설되었다. 그러나 제1차 당대회는 그것에 참가한 당원들 대부분이 경찰에 체포되었기 때문에 실제로 어떤 결과도 남기지 않고 무산되고 말았다. 그후 1903년 런던에서 제2차 당대회가 개최된 이후 사회민주당은 하나의 실체가 되었으나 당은 볼셰비키와 멘셰비끼로 분열되었다. 그래서 1905년 혁명이 발발했을 때 사회민주당은 내부적으로 분열되어 있었던 것이다. Don C. Rawson, op. cit., p.100.

식적인 개입에 의해 실현될 것인가, 아니면 전환점에서 우리가 전혀 수동적으로 남아 있을 것인가 하는 문제는 러시아의 장래발전과 러시아의 노동자계급, 또한 우리 당의 운명에 있어서 얼마나 중요한가를 굳이 말할 필요는 없겠다. 물론 문제는 짜리가 베푸는 식으로 헌법을 위로부터 받아들이는 것이 되어서는 안 된다. 우리는 그런 선물은 프랑스의 삼부회의 소집과 같이 들끓는 저항을 진정시키는 것이 아니라, 오히려 혁명의 시작으로 작용할 것임을 직시해야만 한다. 그러나 우리가 이 사건들의 진행에 일찍 개입하면 할수록 우리는 그러한 사건의 혁명적 발전을 일찍 기대할 수 있다. 왜냐하면 우리가 일찍 개입하면 할수록, 한편으로는 우리 자신의 조직과 노동대중과의 연계는 강화될 것이고, 다른 한편으로는 자유주의적 반대파들의 가장 온건한 분자들이 자신들의 지위를 공고히 하는 것을 막을 수 있고, 또한 그들이 '급진'당파와 싸우기 위해 반동파와 동맹하여 강고히 조직되는 것을 저지할 수 있기 때문이다.[168]

사회민주당은 정치적 이유로 자유주의 세력과 연대를 맺었다. 즉, 자유주의자들이 노동자계급과 자신들의 정치적 강령을 지지해 줄 것과 노동자계급과 민주주의를 위하여 보통·평등·직접·비밀선거를 투쟁구호로 해줄 것을 기대했던 것이다.[169] 그런데 자유주의 진영이 사회민주당의 정치적 견해에 동의하지 않게 되자 쌍방의 관계는 더 이상 지속될 수 없었다. 자유주의 진영의 지도적

168) 이것은 1905년 11월 「이스크라」의 '당조직에 대한 서신'은 전단의 형태로 배포되었고 후에 Lenin, *Sochineniia*, Ⅶ, pp.410-416에 수록되었다. S. M. 슈바르츠 著, 金南 編, 『1905년 혁명』(서울: 녹두, 1986), p.63, 재인용.

169) Ibid., p.68.

위치에 있었던 밀류코프도 "순수한 부르주아만의 정부를 확립하기에 아직 때가 되지 않았다"고 지적하면서 사회주의자와 연대해서 전제정부라는 공동의 적을 물리치자고 주장하기도 했지만 그것은 현실적으로 어려운 일이었다.170) 결국 1905년 혁명에서 진보세력과 자유주의세력이 연대하였으나 그들의 정치적 노선이 달랐기 때문에 그 연대는 일시적일 수밖에 없었다.

그리하여 자유주의 진영은 독자적인 당을 조직하기로 결정하고 1905년 밀류코프를 중심으로 까제트(КАДЕТ: конституционный демократ, 입헌민주당)를 결성하게 된다. 까제트는 젬스트보 및 일부 토지귀족으로부터도 지지를 받으며 중도좌파의 정치적 정당으로 정치적 입지를 강화시켜 나갔다.171)

레닌과 사회민주당이 당시 상당한 세력을 이루고 있는 것처럼 보였고 노동자뿐 아니라 인뗄리겐찌야와 소위 상류사회에서도 그들의 말에 귀를 기울이고 있었던 것 같았으나, 1905년 혁명을 前後로 한 시기에 레닌과 사회민주당의 사회적 영향력은 생각보다 크지 않았다.172) 사회민주당은 멘셰비키와 볼셰비키로 나누어져 당의 결속력이 약화되어 있었다. 볼셰비키는 대중의 행동을 통제하고 자신들이 상부의 권위적 지도력을 갖기를 원했다. 그리하여 직업적 혁명가의 폐쇄된 조직으로서 사회민주주의 조직을 재편하

---

170) Thomas Riha, *A Russian European: Paul Miliukov in Russian Politics*(Notre Dame: University of Notre Dame Press, 1969), p.92.

171) 디트리히 가이어, 이인호 옮김, 『러시아 혁명』(서울: 民音社, 1990), p.67.

172) S. M. 슈바르츠 著, 金南 編, 『1905년 혁명』(서울: 녹두, 1986), p.87. Solomon Mendeleev Schwarz, *The Russian Revolution of 1905: The Workers' Movement and the Formation of Bolshevism and Menshevism*(Chicago: The University of Chicago Press, 1967).

려고 했다. 반면에 멘셰비키는 러시아의 지하활동에서 풀지 못한 하나의 문제를 풀고자 노력했다. 그것은 당과 대중을 사상적으로 뿐만 아니라 밀접한 조직적 연계로서 묶는 것과 당내에 민주주의적 원칙을 적용하려는 것이었다.

따라서 사회민주당은 1905년에 발생한 '피의 일요일' 사건에서 노동자 시위운동을 직접적으로 주도하지는 않았고, 그 사건은 자유주의를 옹호하는 지도부에 의해서 발생했다. 오히려 사회민주당은 1905년 1월 9일에 가퐁 神父가 노동자와 군중을 이끌고 황궁 앞에서 일으킨 1905년 혁명에 대하여 충격을 받았다.[173]

> 가퐁 신부님의 집회가 수많은 노동대중을 끌어들이고 있고, 노동자들이 거기에서 대담하고 격렬한 연설을 했다는 소문이 노동자들을 통해서 우리에게 전달되기 시작했다.…… 이 모든 소식들은 우리에게 가퐁운동을 좀 더 주의 깊게 관찰하도록 했다. 그래서 주바토프주의[174]적 시각을 통해서 우리는 가퐁운동의 건강하고 전망 있는 방식에 대해 눈을 뜨지 못했기 때문에, 그 당시에 우리는 인뗄리겐찌야뿐만 아니라 노동자들에게도 가퐁집회에 참가하지 말 것을 권고했었다.…… 이렇게 해서 1월사태에 대해 우리들은 완전히 준비가 되어 있지 않았다. 우리가 그들에 대한 어떤 종류의 결정도 하지 못했던 이유가 여기에 있다. 우리 조직은 피의 일요일 사건 동안 아무런 기능도 하지 못했고, 모든 지부가 제각기 따로따로 행동했던 것이다.[175]

---

173) Thomas R. Rochon, op. cit., p.125.

174) 주바토프主義는 정부가 어용 노동조합을 결성하려는 목적으로 경찰서장인 Zubatov를 시켜서 배후에서 노동운동을 지원하도록 했던 것을 지칭한다.

이와 같이 1905년 혁명이라는 자유주의 세력에 의해서 발생했을 때, 급진적 사회주의 세력이 배제되어 있었던 것은 특별히 주목할 필요가 있다. 그리하여 러시아 사회에서 본격적인 자유주의 운동이 시작되었으나, 여전히 보수적 정치세력이 유지되고 있었으며, 산업부르주아도 보수파에 경도되어 있었다.

그리하여 자유주의 세력이 크게 성장하기 위한 사회적 기반이 부족했다. 그렇다면 이 시기에 러시아의 산업부르주아가 보수화되는 과정을 살펴보자.

2. 보수적 세력의 우세

1) 자유주의적 개혁의 한계

1905년 혁명 이후에, 자유주의에 대한 사회적 관심이 높아져 갔다. 자유주의적 정책을 옹호하는 기업인들도 등장했다.[176] 그러나 그러나 예를 들면, 부유한 모스크바의 공업경영자 중에서 '청년그

---

175) 소모프(S. Somov)가 1905년 1월 노동자 파업을 직접 목격하고 쓴 글이다. 그는 1905년 멘셰비끼 그룹에서 중요한 위치에 있었다. 더 자세한 내용은 그의 회고록에 있다. S. Somov, "Iz istorii sotsialdemokraticheskogo dvizheniia v Peterburge v 1905 godu: lichnye vospominaiia",(Petersburg: Byloe, 1907), p.31. S. M. 슈바르츠 著, op. cit., p.87에서 재인용.

176) Gregory l. Freeze, From Supplication to Revolution: A Documentary Social History of Imperial Russia(Oxford: Oxford Univ. Press, 1988), p.248.

룹'이라고 알려진 자유주의적 경향을 가진 자들이 1905년 1월 9일 '피의 일요일 사건'이 발생한지 보름정도가 지난 1월 27일에 매우 진보적인 내용을 수록한 각서(Записка)를 발표한다.[177] 각서는 비록 익명으로 발표되었지만 산업계에 커다란 관심을 불러 일으켰다. '러시아 소식(Русские ведомости)'이 1905년 1월 28일에 그 내용을 요약해서 게재하였고, 그 후 1905년 4월에 남부 러시아 광산 경영자 및 치금업자(冶金業者)의 신문에서도 그 내용이 재차 실렸을 정도로 관심이 컸다.[178]

각서의 내용으로 보아서 그것은 전체 공장경영자나 기업가들의 입장만을 옹호하는 차원이 아니라 사회문제에 대한 분석과 그 처방까지도 제시하고 있었다. 각서는 모든 사회적 혼란에 대한 '법적 해결'을 강조하고 의회제도의 필요성을 피력하고 있었다. 노동자들이 거리로 뛰어나오는 것을 막기 위해서 자유로운 투표로 인민을 대표하는 대의원이 선출되어 그들이 인민의 이해를 대변하고 공식적인 중재역할을 할 수 있는 場이 마련되어야 한다고 주장되었

---

177) V. S. 바흐루신, K. A. 야스닌스키, I. A. 모로조프, P. P. 랴부신스키, V. P. 랴부신스키, D. P. 랴부신스키, S. P. 랴부신스키, S. T. 모로조프, N. D. 모로조프, S. V. 레퍄슈낀, A. S. 비슈냐코프, A. I. 코노발레프, S. I. 체프베리코프가 조직한 그룹이다. 자신들이 '청년'이라고 한 것은 상대적인 의미이다. 체프베리코르는 1850년에 태어났고, S. T. 모로조프는 1861년생이고, P. P. 랴부신스키는 1871년생이었다. 이들은 자신들이 진보적인 경향을 가지고 있다는 점에서 '청년(young)'이라고 이름을 붙인 듯 하다. 같은 동년배인 G. A. 크레스트니코프는 S. T. 모로조프보다 불과 6살 위였다. 그러나 그는 대표적인 보수파인 N. A. 나이제노포(1834-1905)를 보좌하고 있어서 '청년그룹'에 포함되지 않았다: Thomas C. Owen, op. cit., p.269.

178) "Zapiska moskovskikh fabrikantov", *Russkie vedomosti*, 28 Jan. 1950.에 수록되었다.

다. 노동자와 고용자의 대립문제에서도 그것이 원만하게 해결되려면 法이 마련되어야 하고 정부는 평화적으로 시위하는 주민에게 총을 쏜다든지[179], 또는 반대로 노동자를 선동해서 계급 간의 긴장을 조성할 것이 아니라,[180] 오직 법(法)의 테두리에서 시민의 평등이 제도적으로 보장받을 수 있어야 하고, 사회적 투쟁은 서유럽과 미국에서처럼 평화적인 법률상의 분쟁이라는 형태가 되어야 한다는 것이었다.[181]

모스크바 공장경영자에 의해서 작성된 것으로 추정되는 그 각서는 산업부르주아 일부의 정치적 견해의 발전된 모습과 사회적 자신감을 보여주고 있다. 정부의 강제적인 경찰에 의존한 노동문제의 해결이 아니고 법률의 제정과 함께 합리적인 방법으로 노동문제를 해결해야 한다는 입장이 표명되었다.

그 각서 이외에 산업부르주아의 자유주의적 정치적 소견을 나타낸 것은 1905년 2월 초에 모스크바 주변의 중앙공업지대의 47개의 대기업 대표자들이 발표한 성명서이다. 그것의 작성에 관여한 사람은 사바 T. 모로조프(Sava T. Morozov), 랴부쉰스키(P. P. Riabushinskii)와 체뜨베리코프(S. I. Chetverikov)이고, 그 성명서에 서명한 사람들은 그들 외에 꼬노발로프(A. I. Knonovalov), N. D. 모로조프(N. D. Morozov), V. P. 랴부쉰스키(V. P. Riabushinskii), 바르두긴(M. N. Bardygin), I. S. 프로호로프(I. S. Prokhorov)와 S. S. 프로호로프(S. S. Prokhorov) 등 모스크바의 주요 기업가들이 포함되어

---

179) 피의 일요일 사건을 지칭한다.
180) 주바토프(Zubatov)가 만든 어용노조를 지칭한다. 주바토프에 대한 것은 본 장의 각주16)을 참조.
181) Thomas C. Owen, op. cit., pp.243-244.

있었다. 이 성명서가 주장하는 바는 1월의 각서와 비슷한 내용이지만 노동문제는 경영자 측에만 책임이 있는 것은 아니라는 것이 강조되는 등 모스크바 상공업자들이 자신들의 경제적 문제에 대하여도 어느 정도 자신감을 갖고 있다는 것이 드러나고 있었다.[182]

성명서는 노동자 측을 비판하기도 했다. 노동자들이 자신들의 생활수준이 열악하다고 주장하고 있지만 노동자의 생활수준은 농민들의 생활수준에 비하면 높은 편이며, 경영자가 노동자의 임금인상과 복지문제의 향상에 대하여 전적으로 책임을 지는 것은 부당하다는 것이다. 그것은 전체 러시아 사회가 해결해야 하는 것으로 그것을 경영자 측에게만 떠넘기는 것은 옳지 않다는 것이다. 오히려 현재의 사회적 위기의 원인은 확고한 법의 부재, 러시아 국민생활의 모든 분야에 침투해 있는 관료들의 감시, 자유로운 언론에 대한 족쇄, 국민에 대한 무시, 문화시설의 부재 때문에 생겨난 것이므로 정치적 개혁이 그것을 치료해야 한다는 것이 강조되었다.[183]

개인적 차원에서는 훨씬 진보적인 경영자도 있었다. 대표적인 인물이 체프베리코프(Sergei I. Chetverikov)와 사바 모로조프(S. T. Morozov)였다. 그들의 행동은 개인적인 차원이기는 했지만 산업가의 일부 중에서 진보적인 성향을 가진 그룹이 존재하고 있었다는 것을 보여주는 대표적인 경우이다. 체트베리코프는 3월에 '루스키에 베도모스찌' 잡지의 편집자 앞으로 보낸 편지에서 '두마(國會)'가 능률적으로 기능하기 위해서는 모든 사회계층의 대표가 '국회'로 보내져야 한다는 것과 보통선거가 실시되어야 한다고 강조하였다. 그는 국회의원 선거에 있어서 선출된 대표자가 자신을 뽑

---

182) Jo Ann Ruckman, op. cit., pp.196-98.
183) Ibid., p.199.

아준 선거인과 강한 연대감을 가질 수 있도록 하여 '국회'가 국민의 진정한 관심을 반영할 수 있도록 해야만 현재의 어려운 문제를 해결할 수 있다고 설명했다.[184] 그러나 체프베리코프의 견해는 1905년 3월의 정치상황에서 보면 매우 대담한 것이었다.

체프베리코프의 입장보다 더욱 강경한 행동으로 세간의 주목을 끌었던 상공업자는 1905년에 비극적인 종말을 맞이한 사바 T. 모로조프이다. 그는 1901년부터 자신의 공장 전기기사인 레오니드 크라신(leonid Krasin)을 통해서 사회주의 계열의 기관지 '이스크라'에 매월 2천 루블을 기부하고 있었다. 그는 오직 폭력혁명의 방법만으로 러시아가 전제정으로부터 해방될 수 있다고 주장할 정도로 급진적이었다.[185] 그의 진보적인 사고방식은 러시아의 유명한 작가인 막심 고리끼(M. Goriki)와 두터운 친분을 맺고 그의 써클에 자주 참여하면서 형성된 것으로 보인다.[186]

사바 모로조프는 자신의 급진적 생각을 실천에 옮기기도 했다. 그는 자신이 경영하는 공장의 열악한 노동조건을 자기 책임이라고 여겼다. 그는 그의 공장에서 일하는 여성과 결혼했으며 사회주의 문헌을 자신의 공장 노동자에게 배포하기도 하고, 우랄지방에 있던 자신의 양조공장에서는 8시간 노동제를 도입하기도 했다.[187]

그러나 그는 결국 가족과 동료들로부터 외면을 당하게 되었다.

---

184) T. C. Owen, op. cit., pp.182-183.

185) P. A. Buryshkin, *Merchant of Moscow*(New York: Cambridge Univ. Press, 1954), p.114.

186) 막심 고리끼가 가담했던 써클이었던 '수요일 모임(Sreda Circle)'에 모로조프가 참가한 적이 있었다. Mary louise loe, "Maksim Gor'kii and the Sreda Circle: 1899-1905", *Slavic Review*, Vol.44, No.1, 1985.

187) P. A. Buryshkin, op. cit., p.115.

그의 모친은 마침내 1905년 4월 그를 회사 대표자리에서 사임시켰다. 뒤이어 모스크바 경찰이 혁명세력과 모로조프의 관계를 폭로한다고 위협하자 그는 해외로 도주했다. 그는 니스에서 점점 정신적으로 약해지고 불안감에 빠져서 1905년 5월 총으로 자신의 심장을 쏴서 스스로 목숨을 끊었다. 사바 모로조프의 유서에는 10만 루블의 보험금을 자신의 친척이 아니고 막심 고리끼의 여자친구인 안드레에바(M. F. Andreeva: 1872-1953)에게 남긴다는 내용이 적혀 있었다. 안드레에바는 모로조프家와 법정투쟁을 벌려서 6만 루블을 받아내어 그것을 볼셰비키에 기부했다.[188]

체프베리코프와 사바 모로조프의 경우는 급진적인 사고를 가진 산업가의 전형적인 모델을 보여주고 있지만, 그러한 유형의 산업가의 숫자는 많지 않았다. 당시에 산업계와 정부는 협력적 관계를 유지하고 있었다. 정부로서는 노동운동이 대규모의 정치운동으로 비화되는 것을 사전에 예방해야 했다. 그래서 다소 노동자에게 유리한 법안을 제정할 필요도 있었다. 그리하여 재무대신 코코프쪼프(V. N. Kokovtsov; 1904-05년 재위)가 1905년 1월 11일 노동문제 위원회를 구성하여 노동자 조직, 노동자 의료보험 기금 창설, 노동일 감축, 그리고 노동자를 위한 국가보험제도 창립 등을 허용하는 보고서를 작성했다.[189]

산업계는 코코프쪼프의 '노동문제위원회'에서 나온 보고서가 노동자의 요구를 들어줌으로써 정치적 안정을 꾀하려는 목적을 갖

---

188) Ibid., p.116.
189) George Edward Snow, "The Kokovtsov Commission: An Abortive Attempt at labor Reform in Russia in 1905", *Slavic Review*, Vol.31, No.4, 1972, p.781.

고 있기 때문에 그것이 노사관계의 정립에 도움을 주지 않는다고 반박하면서 재무대신에게 노동관계에서 필요한 것은 공장에 대한 정부규제가 아니고 '이해당사자의 자유로운 해결방식'이 보장되어야 한다고 주장했다.[190] 그러나 그것은 정부의 간섭을 배제하고 자본과 노동 간의 '자유로운 해결방식'으로 노동문제를 해결할 능력을 산업부르주아가 갖고 있다는 것을 의미하는 것은 아니었다. 경영자들 중에서 아무도 여전히 공권력(公權力)이 대중의 파업운동을 진정시키는 데 중요한 역할을 한다는 것을 부정하지 않았다.[191] 산업가들은 노동문제가 격화되어 심각해지면 결국 국가의 공권력에 의지할 수밖에 없었던 것이다.

그러므로 산업계는 정부입장을 옹호했다. 예를 들면 급진적인 정치적 성향을 갖고 있던 사바 모로조프(Savva T. Morozov)가 의장을 맡은 전국 상공업자 대회가 모스크바 증권거래소에서 1905년 3월 10일 개최되었을 때 자신들의 정당(政黨)을 결성하자는 제안이 나왔으나 그 제안은 전체 상공업자의 지지를 받지 못했다. 페테르부르크에서 온 노벨(E. l. Nobel)과 폴란드지역에서 온 주꼽스키(V. V. Zhukovsky)는 政黨이 아니라 전국을 통괄할 사무국의 설치를 지지한다는 다소 정치적 색채를 완화시키려는 발언을 하면서, 당장 시급한 문제는 노동자의 폭력을 진압하기 위한 포괄적인 노동법규를 만드는 것이라는 것을 강조했다. 그들은 남부러시아의 광산지역에서 노동자 폭력은 거의 극에 달해 있고 약탈과 방화까지 횡행하고 있다고 지적하고 남부지역의 대표자들은 이러

---

190) С. В. Кулешов, О. В. Волобуев, Е. И. Пивовар и др., *Иаше отечество*(Москва: Терра, 1991), c.224.

191) Jo Ann Ruckman, op. cit., pp.203-4.

한 상황에서 개혁은 논의할 수 없다고 주장했다. 그리하여 대회에서 정치적 개혁의 문제는 더 이상 논의될 수 없었다.[192]

그리하여 산업부르주아 내부에 일부 자유주의 운동을 지지하고자 하는 움직임이 있었으나, 노동문제가 격화되고 정치적 불안정이 계속되면서 산업부르주아의 보수화가 진행되었다.

2) 보수 세력의 우세

모스크바 산업계의 대표적 이익집단인 모스크바 증권거래위원회는 사바 모로조프의 3월 대회 이전 1905년 2월 3일에 이미 자신들의 보수적인 정치적 입장에 기초한 청원서를 정부에 제출했다. 청원서는 입헌군주제의 필요성을 인정하고 있으면서도 여전히 짜리 체제에 대한 상공업자들의 신뢰는 변함이 없다는 것을 천명하고 있었다. 청원서에는 "우리 상공업자들은 전하의 발밑에 엎드려서 헌신의 뜻을 전하옵고…… 전제권력 덕분에 러시아의 힘과 안전 그리고 번영이 보장되고 있다는 사실에 추호도 의심이 없으며 그 확신은 흔들리지 않습니다.……"라는 문구가 쓰여 있었다.[193]

그리하여 1905년 혁명으로 자유주의 운동이 거세지고 있음에도 불구하고, 짜리정부는 전제정치의 틀을 약간 수정한다는 개혁안을 1905년 8월 16일 발표했다. 그것이 소위 '불르긴 두마' 법안이다. 그

---

192) Ziva Galli y Garcia, "Workers, Industrialists, and Mensheviks: labor Relations and the Question of Power in the Early Stages of the Russian Revolution", *The Russian Review*, Vol.44, No.3, 1985, p.241.

193) В. Я. Лаверычев, *Крупная буржузия в пореформенной россии: 1864-1914 гг.*(Москва: Наука, 1974), с.153.

법안은 첫째 市民과 시민단체들이 황제에게 요구하는 모든 제안을 내각회의에서 검토하는 제도를 마련하도록 하겠다는 것이고, 둘째는 내무장관 불르긴(А. Г. Булыгин)에게 새로운 '인민 평의회(Народный совет)' 또는 '인민 회의(Народное собрание)' 중에서 하나를 채택해서 인민에 의해서 선발된 대표자가 그곳에서 활동할 수 있는 방법을 연구하도록 명령하겠다는 것이었다. 그런데 그 '회의'는 전제(專制)의 틀 내에서 새로운 자문기관 또는 보좌 기능을 맡는 것이지 입법기관은 아니라는 것이 명기되어 있었다. 그리고 국가평의회(Council of State)를 설립하여 국사(國史)를 논의할 수 있도록 한다는 것이 제시되었다.194) 불르긴 법안의 세 번째의 내용은 '각자 속해있는 신분(身分)을 확실히 지키고 있는' 모든 러시아인은 체제를 위협하는 적과 싸우고 전제정(專制政)를 지지해달라는 것이었다.195)

그렇지만 황제가 제안한 '불르긴 두마' 법안에 대한 반대가 거세지자 결국 1905년 10월 17일에 새로운 내용을 포함하는 '10월 선언'이 발표되었다.

그런데 모스크바 상공업자의 중요한 두 단체인 '모스크바 상인협회'와 '모스크바 증권거래위원회'는 불르긴 법안을 지지한다는 성명서를 발표했다. 그 성명서에는 모스크바 상인협회는 "옛날부터 황제 및 조국에 헌신적이었던 모스크바 상인은 짜리가 내외의 적을 물리치도록 돕겠다"는 것과, 교육수준이 낮은 사회집단이 정

---

194) Marc Raeff, *Plan for Political Reform in Imperial Russia, 1730-1905*(N. J.: Prentice Hall, 1966), pp.144-149.

195) Ruth A. Roosa, "Russian Industrialists, Politics, and the labor Reform in 1905", *Russian History*, Vol.2, No.2, 1975, p.129.

치에 참가하는 것을 제한해 줄 것을 건의하면서, 농민과 노동자의 대표를 '국회(국가두마)'에 참가시키는 것에 반대하고, '국회'는 경제문제를 집중적으로 논의해야 할 것이라고 주장했다.[196]

이와 같이 상공업 경영자들은 보통선거가 실시되면서 노동자 대표가 다수파를 차지해서 경영자에 불리한 법안이 제정되는 것을 우려하면서 보수적 정치적 입장을 주장했다. 예를 들면 크레스토브니코프(G. A. Krestovnikov)는 그러한 상황을 막기 위해서 농촌의 대의원은 기존의 젬스트보에 의해서 선발되고(젬스트보가 없는 지방은 발언권을 가질 수 없게 된다), 도시의 대의원은 증권거래위원회 및 市의회에서 선발된 대표자로 구성되어야 한다는 의견을 제시함으로써 노동자계층의 국회진출을 막아보려는 의도를 표명했다. 그리하여 1905년 3월 19일 상공업 대표자들은 불르긴을 방문해서 특별 탄원서를 제출하기까지 했다. 그들은 앞으로 실시될 국회 구성에서 러시아 사회의 중대한 역할을 맡고 있는 상공업자의 대표자가 다수 의석을 차지할 수 있는 법안을 마련해 줄 것을 요청했다.[197]

불르긴은 산업가의 희망대로 불평등한 간접선거를 골자로 하는 기본계획안을 만들었다. 그리고 그것은 정부의 뜻이기도 했다.[198]

결국 불르긴 법안은 실행되지 못했으나, 산업부르주아의 보수적 정치화는 계속되었다.

---

196) Ibid , p. 165

197) Ibid., p.250.

198) 상공업자들이 불르긴을 직접 방문해서 탄원서를 제출하면서 자신들의 대표들과 상의해서 국회 계획안을 만들어 줄 것을 요구한 바가 있었으나 법안이 발표되는 8월 6일까지 그 약속을 지키지 않았었다. Ibid., p.250.

3. '10월 선언' 지지와 보수적 정당의 결성

1) 산업부르주아의 정치적 성향

1905년 혁명이 발생한 후에, 산업부르주아의 정치적 활동이 활발해졌다. 이 시기에 정치적 자유화에 대하여 긍정적인 태도를 보인 것은 특히 모스크바의 기업가들이었다. 당시 제정러시아의 수도이었던 페테르부르크에서는 군수산업과 중공업을 비롯한 대기업이 집중되어 있어서, 대부분의 기업들이 정부와의 우호적 관계를 유지할 필요가 있었기 때문에, 상대적으로 정부의 입장을 옹호하는 경향을 보였다. 따라서 1905년 혁명 이후에 모스크바의 상공업자들이 정치 개혁에 대하여 자유로운 태도를 유지할 수 있었다.

그렇지만 모스크바와 상트 페테르부르크 기업가들이 자유주의 운동을 적극적으로 수용하지는 않았다. 오히려 시간이 경과하면서, 러시아의 기업가들은 황제의 권력을 옹호하고 보수화되어 갔다.예를 들면 알렉산드르 이바노비치 구치코프(A.I. Guchkov)는 그 시기에 모스크바에서 3대째 상인가문을 유지하고 있는 저명한 기업가로서 정치활동에도 적극적이었으나, 일부 노동자의 사회보장에 대하여 동조하는 수준이었을 뿐이고, 그의 정치적 성향은 국수주의적인 특성을 갖는 슬라브주의에 가까웠다.[199] 그는 결국 1905년 혁명 이후에

---

199) P. B. 스트루베가 구치코프의 연설에 반대하면서 폴란드에 자치를 주는 문제는 러시아제국이 질서를 유지하는 데 유익한 일이라고 설명했으나, 구치코프는 그의 주장을 받아들이지 않았다. 구치코프는 정도가 지나친 자유주의적인 정책은 러시아에 불행을 가져다 줄 뿐이고, 인민을 혼란에 빠뜨려서 방향을 잡을 수 없게 한다고 주장했

정당 창당이 활발해진 사회 분위기 속에서 보수적 정당인 '10월당'의 의장직을 맡았고, 마지막까지 황제의 몰락을 막고자 했다.[200]

그리하여 결론적으로 말하자면 산업부르주아가 왕권의 반대파로 돌아서지 않았고, 일부지식인과 정치인을 중심으로 전개되었던 러시아 자유주의 운동은 체제전환의 중요한 시기에서 실패했다.

그리고 상공업자들은 이 시기에 별도의 정당들을 조직하거나 우익에 동조했다. 상공업자들이 적극적으로 참여한 정당 가운데 하나는 '온건진보당(Умеренно-прогрессивная Партия)'이다. 그 당은 보통선거권, 내각책임제, 국회의 입법기능, 국가 및 지주가 소유하고 있는 토지를 수용해서 효율적 개혁을 추진하는 것에 동조하기는 했으나, 자유주의 계열의 까쩨트가 보호주의적인 경제정책을 반대한다는 이유로 독자적인 길을 선택했다. 이 시기에 상공업자와 자유주의자들은 정치적 견해가 서로 합치되지 않았다. 까쩨트의 대표자이었던 스트루베(P. B. Struve)는 대중의 삶의 질을 향상시키기 위해서는 소비자 물가를 인하해야 한다는 입장을 밝힌 바가 있고, 소비자 물가를 내리게 하기 위해서 무역 자유화가 절대적으로 필요하다는 내용을 공개적으로 주장하고 있었다.[201] 카데프의 당수이었던 밀류코프(P. N. Milukov)도 "우리당은 결코 지주와 공업경영자의 이익을 옹호하는 입장에 서 있지 않을 것이다"라고 선언하기도 했다.[202] 그리하여 자유주의적 성향을 가진 까쩨트와 산업부르주아는

다. Jo Ann Ruckman, op. cit., p.208.

200) Melissa Kirschke Stockdale, *PAUL MILIUKOV and the Quest for a leberal Russia, 1880-1918*, Cornell University Press, 1996, p. 240.

201) R. Pipes, *Struve: liberal on the left, 1870-1905*(Cambridge: Cambridge Univ. Press, 1970), p.386.

현실적으로 같은 노선을 걸을 수 없었다.

산업부르주아가 관여한 또 다른 정당은 '상공업당(Торгово-про мышлен ная Партиа)'이다. 그것은 보수파 크레스토니코프가 중심이 되어 만든 정당이었다.[203] 보수적인 '상공업당'은 정치적 안정에 주로 관심을 가졌다. 그것은 러시아의 국가적 통합을 강하게 주장하면서 진보적인 요구를 비난하는 등 보수우익을 대변하고 있었다.[204] 특히 노동문제에서 경영자의 입장을 대변하고 있었다. 그래서 평화적인 노동조합 활동과 산업재해와 같은 노동자 사고나 질병을 위해서 국가기금으로 세워지는 노동자보험 제도의 설립을 찬성하고 있으면서도 노동자 고용문제 및 노동조건에 관해서 고용자와 노동자 당사자의 교섭이 보다 중요하다는 것이 강조되었다. 그리고 1892년부터 1903년에 걸쳐서 만들어진 노동법은 사실상 폐지되어야 하고, 특히 8시간 노동은 세계 어느 나라에서도 찾아 볼 수 없는 제도이고, 도저히 그것을 수용할 수 없다는 것이 당의 정책에 반영되고 있었다. '상공업당'의 정책은 그야말로 상공업자들의 경제적 이해를 충실히 대변하고 있었다. 자유주의자들이 주장하는 관세인하가 결국은 러시아의 공장에서 노동자 고용감소를 촉진시키게 될 것이고, 결국 실업은 증가하고 러시아의 경제는 악화될 것이라는 것이 강조되었다.[205]

---

202) P. N. Mi liukov, *God bor'by, 1905-1906*(St. Petersburg : Obshches- tvennaia Pol'za, 1907), p.100. G. Vernadsky, op. cit., p.726에서 재인용.

203) 1905년 11월 12일 모스크바에서 창립되었다. 우익 정당으로 1906년 3월 두마 선거에서 10월당과 연합했다; M. Weber, *The Russian Revolutions*, p.269.

204) 상공업당은 연방국가제, 제헌의회, 농민에게 토지를 할당할 것과 같은 진보적인 요구를 반대하고 10월선언에서 약속되었던 시민자유의 완전한 실시가 아닌 '규제'를 요구하고 있었다. Ibid., p.181.

또한 '10월당'에서 많은 상공업자들이 개입되어 있었다.[206] '10월당'은 엄밀한 의미에서 기업가들의 정당이라고는 말할 수 없다. 그 정당의 창립과정에서 황제와 인민의 연대감을 중요시 여기는 보수 귀족들이나 대지주가 주축이 되었다. 그러나 기업가 출신들이 대거 참여했다. 예를 들면 모스크바 상인가문의 출신으로 일찍이 정계에 입문하여 중견 정치가로 활동하던 알렉산드로 이바노비치가 10월당의 의장을 맡기도 했다.[207]

그리하여 1905년 이후에 러시아 정국은 우익과 좌익 그리고 중도파로 갈라지게 되었고, 중도파에는 밀류코프가 이끌어 온 까제트(КАДЕТ)가 속했으며, 우익에는 황제가 1905년 혁명 이후에 '10월선언'을 발표했으므로 이제 황제를 중심으로 정치적 개혁을 추진해서 국가질서를 유지할 것을 주장하는 다양한 형태의 보수적 세력들이 결집해 있었다. 한편 좌익은 사회주의 혁명을 꿈꾸는 사회주의 혁명세력들이었다. 이 급진세력은 점차적으로 제도권 정치판에서 벗어났지만 1905년 제1차 국회(러시아어로 두마) 선거에 참여했었다. 그리하여 1905년 혁명 이전에는 형식적인 정치단체들

---

205) Е. Д. Черменский, *Буржуазия и царизм в первой русской револю зий*(Москва: Наука, 1970), p.187.

206) '10월당'은 1905년 11월 10일에서 14일의 기간동안 모스크바와 페테르부르크에서 결성되었다. 첫 번째 당 대회는 1906년 2월에 열렸다. 짜리의 '10월선언'을 적극적으로 지지한다는 취지의 강령을 갖고 있던 보수정당이다. 젬스트보의 우익과 산업부르주아와 연합하면서 어느 정당으로 성공을 거두기도 했다. M. Weber, *The Russian Revolutions*, p.269.

207) 예를 들면 젬스트보의 보수파의 대표였던 D. N. 쉬포프를 따르던 사람들이 10월당에 가담했다. 쉬포프는 일찍이 입법기능을 갖는 '국회'에 반대했었고, 자비심 많은 황제를 추종해야 한다고 주장했던 슬라브주의자였다. Е. Д. Черменский, op. cit., p.188.

이 존재했으나 황제의 독점적 권력체제가 전부이었으나, 그 후에 다양한 세력들의 제도화가 진행되고 있었다. 이와 같은 정치 세력들을 도표로 나타내면 다음과 같다.

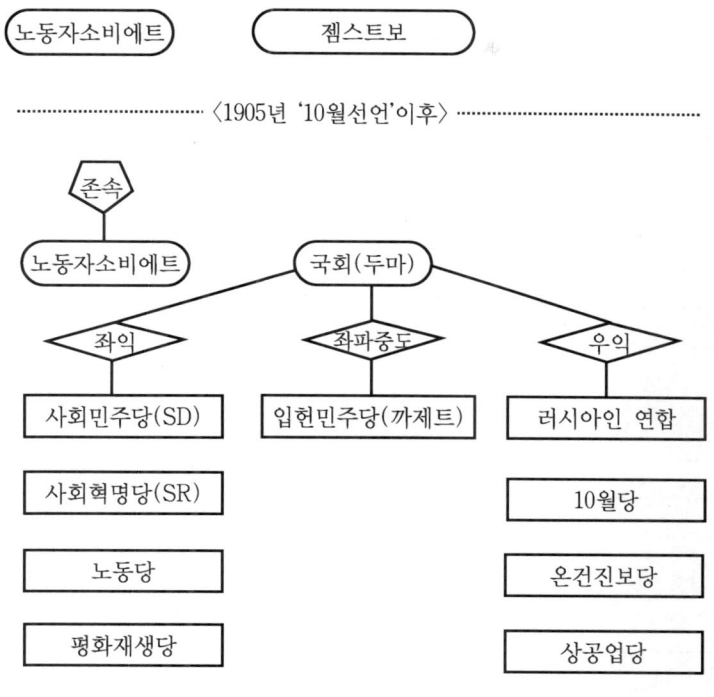

노동자소비에트   젬스트보

·································〈1905년 '10월선언'이후〉·································

존속

노동자소비에트   국회(두마)

좌익   좌파중도   우익

사회민주당(SD)   입헌민주당(까제트)   러시아인 연합

사회혁명당(SR)   10월당

노동당   온건진보당

평화재생당   상공업당

〈그림 1〉 정치단체 및 정당의 정치적 성향; 1904-1906[208]

208) Thomas Riha, op. cit., pp.69-108. M. Weber, *The Russian Revolutions*, pp.267-269.를 참조해서 그림으로 재구성했다.

2) 1906년 제1차 국회 선거에서 보수당의 참패

1906년 3월 정부는 농민을 비롯한 대부분의 국민들이 황제를 지지하는 우익에 찬성투표를 할 것으로 기대하고 제1차 국회선거를 실시하였으나 그 결과는 위에서도 설명했듯이 자유주의 계열의 까제트가 제1당이 되었다. 그리고 우익 정당은 총 497석 중에서 45석만을 차지했을 뿐이다.

〈표 6〉 제1차 두마 선거 정당 득표수자[209]

정치 성향	정 당	득표 숫자
우 익	10월당	13
	상공업당	1
	온건진보당*	2
	기 타	30
중 도	입헌민주당(까제트)	184
좌 익	노동당	124
	소수민족	32
	무소속	112
	합 계	497

---

209) 표에서 무소속을 좌익에 포함시킨 것은 무소속의 의원이 대부분은 농민들이었는데 그들은 반정부적인 태도를 갖고 있었던 좌익성향의 사람들이었다. 또한 표에서 '온건진보당'을 우익에 포함시킨 이유는 1905년 11월의 세바스토폴리의 폭동사건 이후 우익 성향으로 기울었고 그 지도자였던 랴부신스키와 코노발로프는 보수적 정당인 '상공업당'과 협조적인 관계를 유지했다. 그뿐 아니라 랴부신스키와 코노발로프는 짜리의 '10월선언'을 지지하는 단체인 '10월주의자(Octobrist)'의 22명의 중앙위원회에 속해 있었다. '상공업당'은 페테르부르크의 '법질서당 (Party of legal Order)'과 함께 '10월당'과 같은 선거 블럭을 형성하기

우익의 실패는 민주적 개혁에 대한 지지가 높다는 것이고, 자유주의 운동의 정치적 성공 가능성이 높아졌다는 것을 의미한다. 그런데도 정부는 자유주의와 좌파가 승리한 제1차 국회를 73일 만에 강제로 해산시키고, 1년 후인 1907년 3월에 제2차 국회 선거를 다시 실시했다. 그러나 제2차 국회에서도 야당은 제1차에서 차지했던 69%보다 조금 낮은 68%의 의석을 차지했다. 그리고 사회민주당과 사회혁명당은 각각 64석과 20석을 차지하였다. 그러자 1907년 6월 6일 스톨리핀 총리가 재차 국회를 해산하고, 제3차 국회 선거를 실시했다. 이 선거에서는 정부가 선거법을 비례대표제로 개정하고 실시했기 때문에 드디어 우익이 전체 의석수 442석 가운데 약 310석을 차지하게 되었고 기한 5년도 완전히 채웠다. 제3차 국회는 1907년부터 1912년까지 계속되었고, 제4차 국회도 1917년 2월 혁명까지 기한 5년을 채웠다. 물론 제3차 국회선거와 제4차 국회선거에서 우익정당인 '10월당'이 제1당이 되었다. '10월당'은 제3차 국회에서 150석을 차지하였고 제4차 국회에서는 98석을 획득했다.[210)]

이러한 결과는 제3차 국회선거부터 진보세력이 선거에 참여하지 않았고, 더 이상 형식적인 국회를 인정하지 않았고, 다른 방식으로 정치적 투쟁을 했기 때문에 나타났다.

그리하여 노동자 계층과 산업부르주아는 각각 다른 정치적 노선을 걸었다. 또한 일부 사회여론에서 산업가와 기업가의 일그러진 모습이 자주 보도 되었다. 상공업자들은 농민층으로부터도 지지를 받지 못했으며 귀족이나 인뗼리겐찌야로부터도 멸시를 받았

도 했다. T. C. Owen, *Capitalism and Politics in Russia*, p.203.
210) C. H. 스이로프 저, 기연수 역, *러시아역사*, p.248.

다.211) '모스크바 소식(Moskovskie vedomosti)'과 '러시아 소식 (Russkie vedomosti)'에서도 산업부르주아는 소비자와 노동자를 '착취하는 자'로 종종 묘사되곤 했다.212)

그리하여 러시아 산업부르주아는 1905년 혁명 이후에 크게 변화하기 시작한 정치상황 속에서 농민층, 노동자층, 자유주의자들과 같은 다른 세력들과 연합하지 못했으며, 자신들의 이익을 관철시키기 위한 자신들의 정치적 공간도 확보하지 못했다.

4. 1905년 혁명의 遺産과 1917년 2월혁명

자유주의 세력이 1905년 혁명에서 승리한 듯 했지만, 결국은 보수적 황제주의자들의 반격으로 정치적 주도세력이 되지 못했다. 더구나 러시아 산업부르주아가 갖고 있던 전통적인 보수성은 이 시기에서도 크게 변화되지 않았다. 그러나 점차적으로 황제의 권력은 약화되기 시작했고, 산업부르주아들은 스스로 이익집단을 결성하기도 하고, 일부 기업인은 정치가로 변모하기도 했다. 그러나 이러한 산업부르주아의 적극적인 정치적 활동은 이미 시기적으로 늦었다.

실제로 1917년 2월 혁명이 발생하고 황제가 스스로 사임하여

---

211) Henry Rosovsky, "The Serf Entrepreneur in Russia", in (ed.) Hugh G. Aktken, *Explorations in Enterprise*(Cambridge: Cambridge Univ. Press, 1965), p.343.

212) 언론은 상공업자들이 보호관세를 주장하는 것에 대하여 비판적이었다. Ibid., p.7.

임시정부가 수립되었을 때, 지식인층과 경제계 인사들이 정권의 핵심에 진출하였으나, 그 정권은 불과 8개월을 가지 못했다.

〈1917년 3월에서 5월까지 각료명단〉[213]

직 위	이 름	출신성분
각료회의 의장 및 내무부장관	르보프(George lvov)	지주
외무장관	밀류코프(P. N. Miliukov)	교수
전쟁 및 해군장관	구치코프(A. I. Guchkov)	산업가
통신부장관	네크라소프(N. V. Kekrasov)	엔지니어
산업부장관	코노발로프(A. I. Konovalov)	산업가
교육부장관	만유로프(A. A. Manuilov)	교수
재정부장관	쩨레쉬첸코(M. I. Tereshchenko)	산업가
농산부장관	쉰가레프(A. I. Shingarev)	의사
법무부장관	케렌스키(A. F. Kerenskii)	사회주의자

위의 도표에서 나타난 바와 같이, 코노발로프와 쩨레쉬첸코는 산업자본가 출신이다. 그리고 케렌스키는 법학자 출신이고, 쉰가레프는 의사, 밀류코프와 만유로프는 교수출신이었고, 네프라소프는 엔지니어였다. 구치코프는 이미 1905년 이후부터 정계에서 활동하던 모스크바의 유명한 상인집단 출신이다. 그리고 르보프는 지주였다.[214]

그러나 자유주의 계열 출신의 각료들은 불과 2, 3개월을 버티지 못했다. 예를 들면 혁명이 발생한지 3개월 후인 1917년 5월에 밀

---

213) Ibid., p.882.

214) Howard White, "The Urban Middle Classes", in Robert Service,(ed.) *Society and Politics in the Russian Revolution*(london: Macmillan, 1992), p.74.

류코프와 구츠코프가 사임했으며, 결국 르보프를 수반으로 하고 케렌스키를 비롯한 5명의 사회주의자들로 새로운 내각이 수립되었으나, 결국 르보프도 농민들이 지주의 토지를 강탈하는 등 사회적 혼란이 계속되면서 1917년 7월에 까제트(자유주의 계열) 소속의 4명의 각료와 함께 사임했다.[215] 그 후에 1917년 9월 25일에 사회주의 계열의 케렌스키가 새로운 수상이 되어서 개각을 단행했다. 그리하여 케렌스키 정부에서는 10명의 사회주의자(社會主義者)와 6명의 非社會主義者가 참여했다.[216]

이제 러시아의 자유주의 세력은 점차적으로 밀려나기 시작했으며, 그러한 위기 상황을 감지한 입헌민주당(Kadet)은 군부에 기대를 걸 수밖에 없었다. 그리하여 코르닐로프(l. Kornilov) 총사령관이 페트로그라드에 군대를 파견해서 격렬한 시위를 계속하는 노동자 소비에트 조직을 파괴하고자 했다. 그러나 케렌스키 수상은 코르닐로프가 군사 쿠데타를 일으켰다고 발표하면서 시민들에게 코르닐로프 군대를 저지해 줄 것을 요청했다. 결국 코르닐로프 군대는 시민들의 방어에 의해 저지되었고, 이 사건으로 덕을 본 것은 볼셰비키였다. 이제 제정러시아의 수도인 페테르부르크에서 군사적 반격이 일어날 가능성이 없어졌던 것이다.[217] 이러한 상황에서 레닌은 10월에 사회주의 혁명을 성공시켰다.

이와 같이 구체제가 종말을 향해 가고 있을 때, 산업부르주아는

---

215) 니꼴라이 V. 랴자노프스키 저, 『러시아의 역사』(까치, 서울; 1982), p. 192.

216) P. A. Buryshin, *Merchant of Moscow*(New York: Chekhov, 1954), p.83.

217) Allan K. Wildman, *The End of the Russian Imperial Army*(Princeton: Princeton Univ. Press, 1980), p.102.

다음과 같은 반응을 나타냈다. 즉 전제정치가 붕괴되면, 기업가 들도 함께 사라지게 될 것이라는 것이고, 러시아에서는 노동자 혁명이 일어나게 될 것으로 예상되었다. 이것은 바로 러시아 산업부르주아의 속성을 잘 드러내는 것이다. 러시아에서는 오래기간동안에 강력한 왕권의 존재, 국가자본주의 체제, 러시아의 보수적 민족주의, 해외 상권의 부재, 보호무역의 전통 등이 유지되고 있었다. 따라서 러시아에서 기업인들은 국가권력과 밀접하게 연계되어 있었고, 전제정치를 옹호하는 정치의식에서 크게 벗어나지 못했다. 물론 진보적인 기업인들이 존재했지만, 그들의 세력은 크게 확장되지 않았다.

특히 국가주도의 공업화와 제1차 세계대전과 같은 전쟁이 발생했던 상황에서, 러시아 기업인의 성장은 국가에 크게 의존할 수밖에 없었다. 이러한 러시아 경제의 구조적 특성이 오래 기간 유지되어 왔던 것이 결국 산업부르주아의 보수성을 유발시켰을 것이다.

1905년 부르주아 혁명이 발생한 이후에, 러시아에서 부르주아의 역사적 역할에 대한 논쟁이 표면으로 떠올랐다. 논쟁은 과연 러시아에서 부르주아의 지배가 실현될 것인가를 둘러싸고 진행되었지만, 결국에 그것은 실현되지 않았다. 물론 이러한 결과는 사회주의적 방식을 도입했기 때문에 만들어졌다고도 볼 수 있다. 그러나 1905년 혁명에서 시작된 자유주의 운동에 적극적으로 산업부르주아가 합세하지 않았던 것이 결국 부르주아의 지배의 종식을 초래했다.

V. 결 론

러시아 산업부르주아는 1905년 혁명이 발발했을 때 비로소 정치적 행동을 활발하게 전개하게 된다. 그러나 그들이 현실정치에 참여하고자 했을 때, 이미 사회의 한쪽에는 자본주의의 모순을 격렬하게 비판하면서 부르주아 계급의 타도를 외치는 사회주의 세력도 점점 성장하고 있었다. 1917년 2월 혁명 이후 임시정부의 내각(內閣)에 상공업자 출신들이 등장하지만 그들이 자본주의 경제체제와 자유주의 정치체제를 지키기에는 이미 때가 늦은 것이었다. 뒤늦게 각성한 보수주의자들이 1917년 10월 혁명 이후에 백군(白軍)이 되어 혁명군대인 적군(赤軍)에 대항했지만 결국 승리하지 못했다.

러시아 상인은 전통적 상인에서 자본가 상인으로 그리고 산업자부르주아라는 단계를 거치면서 성장했다. 전통적 상인은 농업사회에서 활동하면서 전통적인 생활양식과 가치관을 유지하고 있었다. 대다수의 국민이 농민이었던 시대에 상인들이 상업 활동을 통해서 부를 축적할 수 있는 기회를 갖는다는 것은 쉽지 않았다. 특히 러시아는 16세기 이래 대서양 무역이라는 세계 교역 루트로부터 벗어나 있었기 때문에 서구의 상인들이 해외 원격지 무역으로 막대한 부를 축적했던 것과 같은 기회를 얻지 못했다. 더구나 국가경제는 국가의 독점으로 운영되는 경우가 많았기 때문에 국내 활동에서도 상인들은 부를 축적하기가 쉽지 않았다.

서구에서 자본가 상인은 축재된 부를 이용하여 자신들을 왕의 간섭으로부터 지켜줄 수 있는 사병(私兵)도 고용할 수 있었다. 그들은 도시를 중심으로 산업이나 무역 일반에서 왕의 간섭을 받지 않는 자유지역을 확충해 나갔다. 또한 서구의 국가는 국내 지역을 벗어나는 새로운 토지를 획득하면서 그곳으로부터 흘러나온 식량과 원재료의 거대한 물량을 국내로 반입하였고, 그것을 기반으로 도처에서 발달한 도시와 산업 등은 자본가 상인들에게 더욱 더 많은 재산을 안겨다 주었다. 새로운 토지라고 하는 것은 국내 자본의 확충에 무엇보다도 중요한 천혜(天惠)의 조건이었다. 바로 그 조건 덕택에 초기 자본주의는 마르크스가 예언했던 것처럼 부단히 빈곤이 증대할 것이라던 예측과 다르게 발전을 계속할 수 있었다.[218]

그러나 18세기 러시아의 통치자인 표트르 대제와 에카쩨리나 여제가 영토확장을 추진했지만 그것은 많은 식량과 원재료를 끌어 모으는 경제적인 이득보다는 영토확장 그 자체의 의미가 컸던 것이었다. 서구에서 국가의 군대가 새로운 토지를 획득하면 그것에 뒤따라 진취적인 자본가적 상인이 경제적 부를 국내로 끌어들이는 과정이 있었던 경우와 비교해서 러시아의 상인은 상대적으로 그 정도의 진취적이고 왕성한 기업가 정신을 갖고 있지 않았다고 할 수 있다. 영토확장도 극동시베리아와 중앙아시아처럼 비교적 자연조건이 혹독한 지역을 상대로 진행되었기 때문에 활발한 경제적 활동을 수반하지 못했다.

19세기 중반 비로소 경제적 가치가 큰 크림지역을 획득하려는 시도를 했으나 그 전쟁에서 러시아는 패배했다. 실질적인 의미에

---

218) 슘페터, 이상구 역, 『자본주의・사회주의・민주주의』(서울: 삼성출판사, 1994), p.164.

서 본다면, 서구의 경제력·군사력에 러시아가 대결한 크림전쟁에서 이미 영국과 프랑스는 산업혁명(産業革命)을 겪고 월등한 경제력을 갖고 있다는 것이 판명되었다.

러시아는 크림전쟁에서의 패배가 산업발전의 후진성 때문이라는 것을 자각하고 산업화를 시작하였다. 그러나 그것은 '위로부터의 개혁'이었다. 그동안 국민들에게 자발적인 경제활동을 보장해 주지 않았던 전제정(專制政)이 국내산업가를 대신하여 모든 것을 혼자서 처리해야 하는 막대한 임무를 떠맡게 되었다. 즉 러시아 전제정치의 이데올로기는 국가권력의 정점에 위치하면서 국가의 모든 문제를 혼자 처리해야한다는 것에 기초하고 있었다. 그리고 전제정치의 이데올로기를 위협하는 모든 것을 용서하지 않겠다는 자세로 전제정부는 사회변혁을 주장하는 세력을 탄압하였다.

황제의 정권은 경제성장으로 등장하게 되는 자본가 계급을 단지 신분제의 상인으로만 취급하였으며, 따라서 자본가 계급은 정치적 조직으로서 기능하지 못했다. 이는 정치나 정책이 사회과정의 독립요인이 아니고 그 구성요소라고 보는 최근 일부 학자들의 국가론(國家論)에서 보면 황제의 정부는 변화하는 사회에서 별도로 행동을 했었던 것처럼 보인다.[219] 또한 산업부르주아도 국가와 협력관계에서 경제적 성장을 거듭하면서 정부에 의존하는 보수적인 정치의식을 갖고 있었다. 그 결과 그들은 1905년 혁명을 겪으면서 노동문제가 자신들의 생존에 무엇보다도 중요하다는 인식아래 정치적 문제에 접근하고 진보적인 생각도 하게 되지만 그들의 정치적 역할은 우익의 한계를 보여줄 수밖에 없었다. 따라서 역사

---

219) 엘렌 케이 트립버거 지음, 김석근 옮김, 『위로부터의 혁명』(서울: 학문과 사상사, 1986), pp.23-32.

적으로 국가가 부여하는 기회를 이용하면서 성장해야 했던 그들은 보수적 정치의식을 쉽게 바꿀 수 없었다. 또한 황제숭배(짜리즘)이라는 독특한 문화적 현상을 자신들의 의식구조로부터 추방시킬 수 없었던 전통적인 상인들은 황제의 정치영역으로 자신들이 끼어든다는 것을 상상할 수도 없었다. 그 결과 이들 보수적 정치의식은 1905년 부르주아 혁명 실패의 중요한 하나의 원인이 되고 말았다.

산업부르주아가 새로운 정치지배 계급으로 자신들이 직접 등장해야 한다고 본격적으로 자각한 것은 1917년 2월 혁명시기였다. 그러나 국가가 노동자와 농민의 불만을 해소해 줄 수 있는 경제력도 없는 상태에서 지배계층이 노동자 운동을 잠재운다는 것은 결코 쉽지 않았다. 급진적 성향을 가진 수많은 노동자와 농민들은 점점 사회주의 세력(볼셰비키)의 구호에 이끌려 가고 있었다. 그리하여 대중들에게 산업부르주아가 결코 진보적인 세력으로 받아들여지지 않았고, 그 결과 산업부르주아의 사회적 지지기반은 매우 허약하게 되었다.

결국 러시아의 산업부르주아는 그 보수적 이미지를 벗어 던지지 못하고, 동시에 자유주의 운동의 핵심세력도 되지 못했다. 그 결과 1917년 2월 혁명에서도 산업부르주아는 자신들의 역할을 충분히 하지 못하게 되었고, 러시아의 제2차 부르주아 혁명도 실패하게 되었다. 그리고 그 대신 사회주의 정권이 러시아에서 수립되었다.

참고문헌

1. 한국어 문헌

가이어, 디트리히. 『러시아 혁명』. 이인호 역. 서울: 民音社, 1990.

奇連洙. "專制政治의 起源." 政治學 博士學位 論文. 외대. 1983.

노명식. 『시민계급과 시민사회』. 서울: 한울아카데미, 1993.

레 닌, V. I. 『러시아에 있어서 자본주의 발전』. 김진수 역. 서울: 태백, 1988.

무어, 배링턴. 『독재와 민주주의의 사회적 기원』. 진덕규 역. 서울: 까치, 1987.

박태성. "러시아 敎育의 變化와 連續性." 박사학위논문. 한국외국어대학. 1995.

베르쟈예프, 니콜라이. 『러시아 知性史』. 이경식 역. 서울: 종로서적, 1987.

베버, M. 『사회경제사』. 조기준 역. 서울: 삼성출판사, 1993.

베버, M. 『프로테스탄티즘의 윤리와 자본주의 정신』. 박종선 역. 서울: 고려원, 1996.

브라우어, 다니엘. "19세기 러시아 급진지성의 사회적 기원." 임영상 編譯. 『러시아 인뗄리겐찌아論』. 서울: 探究堂, 1990.

브로델, 페르낭. 『물질문명과 자본주의 II-1, 2』. 주경철 옮김. 서울: 까치, 1996.

슈바르츠, S. M. 『1905년 혁명』. 金南 編. 서울: 녹두, 1986.

슘페터. 『자본주의·사회주의·민주주의』. 이상구 역. 서울: 삼성출판사, 1994.

스이로프, C. H. 『러시아의 역사』. 기연수 역. 서울: 東亞日報社, 1989.

스카치폴, 테다. 『역사 사회학의 방법과 전망』. 박영신, 이준식, 박희 옮김. 서울, 대영사, 1986.

스케이스, 데이비스. 『체제비교 사회학』. 한상진 역. 서울: 느티나무, 1991.

아펠바움, 리차드. 『사회변동의 이론』. 김지화 옮김. 서울: 한울, 1984.

이인호. "러시아 혁명사 연구의 사학사적 배경." 이인호 엮음. 『러시 아 혁명사론』. 서울: 까치, 1992.

壹南田 靜眞. "1905년 혁명". 和田春樹 外著. 『러시아 혁명과 레닌의 사상』. 서울: 지양사, 1986.

임영상. "K. D. 까벨린과 社會改革." 문학박사학위논문. 서울대학교. 1988.

제임스, 이디. 『러시아 철학 Ⅱ』. 정해창 옮김. 서울: 고려원, 1992.

카, E. H. 『러시아 혁명』. 편집부 옮김. 서울: 나남, 1983.

카르포비치, M. 『帝政러시아』. 李仁浩 譯. 서울: 探究新書, 1980.

트림버거, 엘렌 케이. 『위로부터의 혁명』. 김석근 옮김. 서울: 학문과 사상사, 1986.

포사이스, M. 킨스 소퍼, M. 호프만, J. 편저. 『서양정치 사상 입문』. 부남철 옮김. 서울: 한울, 1994.

한스콘. 『近代러시아 그 갈등의 歷史』. 金種心 譯. 서울: 심설당, 1981.

헤임슨, 레오폴드. "1905-1907년 러시아 도시지역의 사회적 안정성 문 제." 이인호 엮음. 『러시아 혁명사론』. 서울: 까치, 1992.

홉스봄, E. J. 『資本의 時代』. 鄭道永 譯. 서울: 한길사, 1995.

후쿠야마, 프랜시스. 『역사의 종말』. 이상훈 옮김. 서울: 한마음사, 1992.

2. 외국문헌

Балюев, Борис П. Политическая Реакция 80-х годов века и Русская Журналистика. Москва: Академия наук СССР, 1971.

Боханов, А. Н. Крупная буржуазия России. Москва: Российская Академия Наук, 1992.

Булумин, И. Г. Очерки економической мысли в России в XIX в. Москва: Наука, 1940.

Вандалковская, М. г. П. Н. Милюков и А. А. Кизеветтер: история и политика. Москва: Российкая Академия Наук, 1992.

Гиндин, И. Ф. Русская буржуазия в периоде капитализма, ее развитие и особенностъ. Москва: История СССР, 1963.

Дворниченко, А. Ю. История России. Санкт-Петербург: Издательство спбгу, 1992.

Кулешов, С. В., О. В. Волобуев, Е. И. Пивовар и др. Наше отечество. Москва: терра, 1991.

Лаверычев, В. Я. Крупная буржузия в пореформенной России: 1864-1914 гг. Москва: Наука, 1974.

Лаверычев, В. Я. Царизм и рабочий вопрос в России, 1861-1917 гг. Москва, 1972.

Макаров, В. Е. Очерк истории старообрядчества. Москва, Большая Садовая, 1911.

Рындзюнский, П. Г. утверждение капитализма в России 1850-1880 гг. Москва: Наука, 1978.

Тейтлин, С. Я. "Земское самоуправление и реформа 1890 г.

(1865-1890)." История России в XIX века, 9 том. Петербург: Наука, 1907-11.

Черменский, Е, Д. Буржуазия и царизм в первой Русской революций. Москва: Наука, 1970.

Черменский, Е, Д. Государственная дума и свержение царизма в России. Москва: Наука, 1972.

『ロシア・ソ連を知る事典』. 東京, 平凡社, 1989.

菊地昌典 著, 『ロシア農奴解放の研究』. 東京: 御茶の水 書房, 1964.

土肥恒之, "岐路に立つ歴史家", 一僑論叢, 第113巻, 第2號, 1995.

Ascher, Abraham. *The Revolution of 1905.* Standford: Standford Univ. Press, 1988.

Batalden, Stephen K. *Seeking God.* DeKalb: Northern Illinois Univ. Press, 1993.

Bater, James H. "Transience, Residential Persistence, and Mobility in Moscow and St. Petersburg, 1900-1914." *Slavic Review.* Vol.39. No.2. 1980.

Baykov, Alexander. "The Economic Development of Russia." in William Blackwell ed. *Russian Economic Development from Peter the Great to Stalin.* New York: New Viewpoints, 1974.

Bill, Valentine. *The Forgotten Class: The Russian Bourgeoisie from the Earliest Beginnings to 1900.* New York: Yale Univ. Press, 1959.

Blackwell, William. "The Old Believers and the Rise of Private Industrial Enterprise in Early Nineteenth-Century Moscow." in

William l. Blackwell ed. *Russian Economic Development from Peter the Great to Stalin.* New York: New Viewpoints. 1974.

Blackwell, William. *Russian Economic Development from Peter the Great to Stalin.* New York: New Viewpoints, 1974.

Blackwell, William. *The Beginning of Russian Industrialization 1800-1860.* Princeton: Princeton Univ. Press, 1968.

Burdshalov, E. N. *Russia's second Revolution.*(trans.) Donald J. Raleigh. Bloomington: Indiana Univ. Press, 1987.

Buryshkin, P. A. *Merchant of Moscow.* New York: Chekhov, 1954.

Bushkovitch, P. "Taxation, Tax Farming, and Merchants in Sixteenth-Century Russia." *Slavic Review.* Vol.37. No.3. 1978.

Carr, E. H. *A History of Soviet Russia: The Bolshevik Revolution, 1917-1923.* london: Macmillan, 1978.

Crummey, Robert O. "Interpreting the Fate of Old Believer Communities in the Eighteenth and Nineteenth Centuries." in Stephen K. Batalden ed. *Seeking God.* DeKalb: Northern Illinois Univ. Press, 1993.

Crummey, Robert O. "Old Belief as Popular Religion: New Approaches." *Slavic Review,* No.4. 1993.

Curtiss, John Shelton. *Russia's Crimean War.* Durhan: Duke Univ. Press, 1979.

Daborn, John. *Russia: Revolution and Counter-Revolution 1917-1924.* Cambridge: Cambridge Univ. Press, 1991.

Engel, Barbara Alpern. "Russian Peasant Views of City life, 1861-1914." *Slavic Review,* Vol.52. No.3. 1993.

Fallows, Thomas S. "The Russian Fronde and the Zemstvo Movement: Economic Agitation and Gentry Politics in the Mid-1890's." *The Russian Review.* Vol.44. 1985.

Fitzpatric, Anne lincoln. *The Great Russian Fair: Nizhnii Novgord.* Oxford: Macmillan, 1990.

Freeze, Gregory l. "The Church and Its Urban Mission in Post-Reform Russia." in Edith W. Clowes, Samuel D. Kassow, and James l. West ed. *Between Tsar and People.* Princeton: Princeton Univ. Press, 1991.

Freeze, Gregory l. *The Parish Clergy in Nineteenth-Century Russia Crisis Reform, Counter-Reform.* Princeton: Princeton Univ. Press, 1983.

Freeze, Gregory l. *From Supplication to Revolution.* Oxford: Oxford Univ. Press, 1988.

George, M. "liberal Opposition in Wartime Russia." *Slavonic and East European Review.* Vol.65. No.3. 1987.

Geyer, Dietrich. Translated from the German by Bruce little. *Russian Imperialism.* Yale University Press, 1987.

Giffin, Frederick C. "In Quest of an Effective Program of Factory legislation in Russia: The Years of Preparation, 1859-1880." *The Historian.* Vol.29. 1967.

Gleason, Abbott. "The Terms of Russian Social History." Edith W. Clowes, Samuel K. Kassow, and James l. West ed. *Between Tsar and People.* Princeton: Princeton Univ. Press, 1991.

Gurr, Ted Robert. *Why Men Rebel.* Princeton: Princeton Univ. Press, 1970.

Hamm, Michael F. "Khar'kov's Progressive Duma, 1910-1914." *Slavic Review.* Vol.40. No.1. 1981.

Haimson, leopold H. "The Problem of Social Identities in Early Twentieth Century Russia." *Slavic Review.* Vol.47. No.1. 1988.

Hanchett, Walter S. "Tsarist Statutory Regulation of Municipal Government in the Nineteenth Century." in Michael F. Hamm ed. *The City in Russian History.* Chigago: lexington, 1976.

Haxthausen, August von. *Studies on the Interior of Russia.* Chicago: Chicago Univ. Press, 1972.

Hittle, J. Michael. *The Service City.* Massachusetts: Harvard Univ. Press, 1979.

Hughes, Robert P. *Christianity and the Eastern Slavs, II.* london: University of California Press, 1994.

Kolonitskii, Boris I. "Antibourgeois Propaganda and Anti-"Burzhui" Consciousness in 1917." *The Russian Review.* Vol.53. 1994.

Kahan, Arcadius. "Continuity in Economic Activity and Policy During the Post-Petrine Period in Russia." in William l. Blackwell. ed. *Russian economic development from Peter the Great to Stalin.* New York: New Viewpoints, 1974.

loe, Mary louise. "Maksim Gor'kii and the Sreda Circle: 1899-1905." *Slavic Review.* vol.44, no.1, 1985.

Manning, Roberta Thompson. *The Crisis of the Old Order in Russia.* Princeton: Princeton Univ. Press. 1982.

Melissa Kirschke Stockdale, *PAUL MILIUKOV and the Quest for a leberal Russia, 1880-1918,* Cornell University Press, 1996.

Mironov, Boris. "Bureaucratic- or Self-Government: The Early

Nineteenth Century Russian City." *Slavic Review*. Vol.52. No.2. 1993.

Monas, Sidney. "The Twilight Middle Class of Neneteenth-Century Russia." in Edith W. Clowes, Samuel D. Kassow, and James l. West ed. *Between Tsar and People*. Princeton : : Princeton Univ. Press, 1991.

Moore, Barrington. *Social Origins of Dictatorship and Democracy-load and Peasant in the Making of the Modern World*. Boston : Beacon Press, 1967.

Mosse, Werner E. "Russian Bureaucracy at the End of the Ancien Regime : The Inperial State Council, 1897-1915." *Slavic Review*. Vol.54. No.3. 1995.

Nove, Alec. *Studies in Economics and Russia*. london : Macmillan, 1990.

Owen, T. C. *The Capitalism and Politics in Russia*. Cambridge : Cambridge Univ. Press, 1981.

Nove, Alec. *The Corporation under Russian law, 1800-1917*. Cambridge : Cambridge Univ. Press, 1991.

Pallot, Judith & Shaw, Denis J. *landscape and Settlement in Romanov Russia, 1613-1917*. Oxford. 1990.

Pesda, John l. "N. K. Bunge and Russian Economic Development, 1881-1886." Doctoral dissertation. Kent State University. 1971.

Petrvich, Michael B. *The Emergence of Russian Panslavism, 1856-1870*. New York : New York Univ. Press, 1956.

Pipes, Richard. *Struve : liberal on the left, 1870-1905*. Cambridge : Cambridge Univ. Press, 1970.

Pipes, Richard. *Russia under the Old Regime*. New York : Charles

Scribner's Sons, 1974.

Pipes, Richard. *Social Democracy and the St. Petersburg labor Movement, 1885-1897.* Cambridge: Harvard Univ. Press, 1963.

Pushkarev, Sergei G. *Dictionary of Russian Historical Terms from the Eleventh Century to 1917.* New York: Yale Univ. Press, 1970.

Rawson, Don C. "Rightist Politics in the Revolution of 1905." *Slavic Review.* Vol.51. No.1. 1992.

Riever, Alfred J. *A Merchants and Entrepreneurs in Imperial Russia.* New York: Chapel Hill, 1982.

Riha, Thomas. *A Russian European: Paul Miliukov in Russian Politics.* Notre Dame-london: Notre Dame Univ. Press, 1969.

Roosa, Ruth A. "Russian Industrialists, Politics, and the labor Reform in 1905." *Russian History.* Vol.2. No.2. 1975.

Rosenthal, Bernice Glatzer. "The Search for a Russian Orthodox Work Ethic." in Edith W. Clowes, Samuel D. Kassow, and James l. West ed. *Between Tsar and People.* Princeton: Princeton Univ. Press, 1991.

Rosenthal, Bernice Glatzer. "The 'New Religious Consciousness': Pavel Florenskii's Path to a Revitalized Orthodoxy." in Hughes,

Robert P. *Christianity and the Eastern Slavs, II.* london: University of California Press, 1994.

Rosovsky, Henry. "The Serf Entrepreneur in Russia." in Hugh G. Aktken ed. *Explorations in Enterprise.* Cambridge: Cambridge Univ. Press, 1965.

Ruckman, Jo Ann. *The Moscow Business Elite: A Social and*

Cultural Portrait of Two Generations, 1840-1905. DeKalb: Northern Illinois Univ. Press, 1984.

Schwartzman, Kathleen C. *The Social Origins of Democratic Collapse.* Kansas: Kansas Univ. Press, 1989.

Schwarz, Solomon Mendeleev. *The Russian Revolution of 1905: The Workers' Movement and the Formation of Bolshevism and Menshevism.* Chicago: The University of Chicago Press, 1967.

Serge, Victor. *Year one of the Russian Revolution.* london: Plato Press, 1972.

Service, Robert. ed. *Society and Politics in the Russian Revolution.* london: Macmillan, 1992.

Service, Robert. *The Russian Revolution 1900-1927.* london: Macmillan, 1991.

Snow, George Edward. "The Kokovtsov Commission: An Abortive Attempt at labor Reform in Russia in 1905." *Slavic Review.* Vol.31, No.4. 1972.

Stackenwalt, Francis M. *The Thought and Work of Dmitrii Ivanovich Mendeleev on the Industrialization of Russia, 1867-1907.* DeKalb: Northern Illinois Univ. Press, 1976.

Thurston, Robert W. *liberal City. Conservative State.* Oxford: Oxford Univ. Press, 1987.

Thurston, Robert W. "New Thoughts on the Old Regime and the Revolution of 1917 in Russia: A Review of Recent western literature." in E. H. Judge, J. Y. Simms, Jr. ed. *Modernization and Revolution.* New York: East European Monographs, 1992.

Vernadsky, G. *Source Book for Russian History From Early Times to 1917.* Michigan: U. M. I., 1993.

Vroon, Ronald. "The Old Belief and Sectarianism as Cultural Models in the Silver Age." in Hughes, Robert P. *Christianity and the Eastern Slavs. II.* london: University of California Press, 1994.

Walicki, Andrzej. *A History of Russian Thought.* Oxford: Clarendon Press, 1980.

Walicki, Andrzej. *legal Philosophies of Russian liberalism.* Oxford. 1987.

Wallace, Donald Mackenzie. *Russia: On the Eve of War and Revolution.* Princeton. Princeton Univ. Press, 1984.

Weber, M., Gordon C. Wells and Peter Baehr Trans. *The Russian Revolutions.* Cambridge: Polity Press, 1995.

White, Howard. "The Urban Middle Classes." in Service, Robert. ed. *Society and Politics in the Russian Revolution.* london: Macmillan, 1992.

· 저자 ·

정옥경 · 약 력 ·

한국외국어 대학교 러시아과 졸업
한국외국어 대학교 대학원 국제관계학과 정치학박사
한국외국어 대학교 러시아연구소 연구교수

· 주요논저 ·

「러시아 주지사의 권한확대와 민주개혁」
『러시아민족문제의 역사』(역서),
외 다수

러시아 산업부르주아의 보수적 정치의식

· 초판 인쇄	2006년 9월 30일
· 초판 발행	2006년 9월 30일
· 지 은 이	정옥경
· 펴 낸 이	채종준
· 펴 낸 곳	한국학술정보㈜
	경기도 파주시 교하읍 문발리 526-2
	파주출판문화정보산업단지
	전화 031) 908-3181(대표) · 팩스 031) 908-3189
	홈페이지 http://www.kstudy.com
	e-mail(출판사업부) publish@kstudy.com
· 등 록	제일산-115호(2000. 6. 19)
· 가 격	9,000원

ISBN 89-534-5684-3 93340 (Paper Book)
 89-534-5685-1 98340 (e-Book)